人生也酷

The Colorful Life

徐海荣　著

人民出版社　杭州出版社

目　录

引 言

当当当，时代的钟声又在急促地撞击，敲响了我生命的第六十个寒秋，在空中回荡。

以我现在的这个生命时段，应该对自己作一些更多的思考，那就是沉淀和提炼，有所为或有所不为。对于人来说，生命毕竟是有限的，如果说我想活一百岁，有可能吗？不一定，对多数人来说只是一个奢望。所以说万寿无疆，只是火红年代的一种耻笑。

人是一种有思维的动物。而植物就不一样了，它有生命，却没有思维，但它能生长千年。人就不能了，人若活过百年，那真是一件稀奇事，或能成为国宝。同样是动物，有高低贵贱之分，人应该说是世界上最高级的动物，不仅有思维，还能创造和改变这个世界。那些兽类、禽类动物行吗？显然不行。虽然它们也有一定的思维能力，但显然是最低级别的。比如说，它们面临凶险的时候，很快就会拔腿而跑或为之拼命；为了生息繁衍，也会发春，甚至争风吃醋。这些无非是为了维系生存而展示的一种本能。它们比起人类来要显得可怜多了，因为它们来到这个世界上每一代大多只能存活一二十年，有的甚至只有几年。动物之间，无论是二足着地的人，还是四足着地的兽，其生命都是十分短暂的，在整个宇宙的世界中也显得那么渺小。所以人类一思考，上帝就发笑。

既然人的生命是这样地短暂或渺小，我认为人的生命是要用来消费的，不只是用来守护。如果你想要守护，你能守护得住吗？关键是要看你怎么把握，不然将是一种浪费。人固有一死，这是个自然规律，但可以选择如何地活着。有人掰起手指算了一笔账：一个人如果能活到一百岁，他的生命期只有36500天；每天度过的是24小时，其中8小时睡觉，8小时工作，余下8小时才属于自己。这么一算，人类可用来给自己的时间并不多，一般地讲只有10000天左右，不算不知道，算算吓一跳。所以就会形成人之间不同的价值与思想的取向。占大多数的人为生计而活，忙忙碌碌一辈子，只要有工作、有饭吃、有房住，能讨得起老婆生子就满足了，他们并没有多大的理想和抱负。而另类的一些人物就不一样了，他们命好，被百姓称为是官宦人家，呼风唤雨，推涛作浪，每天活在他们的大富大贵之中，有老虎之称。还有那些小知们属最可怜的人群，他们有思想、有追求，但没有壮士断腕的勇气，说话唯唯诺诺，往往想得多，做得少，夜里千条路，白天归原路。这些不同的人群，形形色色，有着各自的活法。

人亦是一种情感动物，以群为栖，有很大的社会属性。发端于东晋的浙江上虞地区，就有一个美丽、凄婉、动人的《梁山伯与祝英台》的故事，讲述了上虞的祝家庄有个才女叫祝英台，女扮男装，在去杭州求学的路上结识了会稽（绍兴）书生梁山伯，三年同窗结下了深厚的情谊而形影不离。祝英台先完成了学业返乡，两年后梁山伯赴虞寻访时，方知祝原是一个女儿身，并由其父母做主许配马家。梁山伯痛不欲生，后悔未能娶其为妻。后梁虽当上了鄞县县令，但因相思成疾而死。梁死后又过了两年，祝英台出嫁，路经鄞县城西的清道山，闻此处就是梁山伯葬地，痛哭亡灵，感动天地。突然梁墓开裂，祝英台跃身而入，同穴而眠。过后二人化作彩蝶在空中飞舞。

梁祝的故事广泛地被世人称作为“东方的《罗密欧与朱丽叶》”。千百年来，此传说以提倡求知、崇尚爱情、讴歌生命为主题，深深撼动了一代又一代人的心灵。在人的情感世界里，定会面临不计其数的变迁，那就是喜怒哀乐。我们都从生命的大门出发，走上了一条人生的不归之路。这路便是人生的一段事，一段情，一段红尘，一段烟云。那是一个或缺或圆的符号，是宇宙之极的天涯，如梦浮生。

人是一种精神力的动物。精神力到底为何物？目前还说不太清楚。但我知道，它是一种意念，为生物体、脑组织所释放的一种不可见的力量，是人类追求某种目的和理想时表现出来的自我克制、信心、毅力和顽强不屈的一种状态。

中国历史上有一个著名的人物叫诸葛亮，他是三国时期蜀国的丞相。由于错用马谡丢失了街亭，魏国名将司马懿乘势追击，率 15 万大军兵临城下。而此时身处空城之中的诸葛亮仅余五千老弱残兵，且其中 2500 人又被派去调运粮草物资。危急时刻，诸葛亮泰然处之，登城观望，命各部将旌旗收起，让士兵原地待命，不得妄动，又命士兵把城门打开，装扮成百姓之辈于城门外清扫，自己则领着两个小书童，携一琴于城门上弹奏。司马懿见状，徘徊许久，不敢冒进，最后只得下令退兵。司马懿的儿子司马昭疑而问之，其父司马懿说：“诸葛生来谨慎，从不冒险，现城门大开，伏兵一定藏于暗处，不退定然中计。”司马懿是个多疑之人，诸葛亮抓住了对方的性格弱点，确信其不敢贸然进城，故设计了“空城计”来对付敌人，以弱小对付强大，并最终闯过了难关，逃过一劫，赢得了一场心理大战的胜利，成为佳话，流芳千年。

这就是人的精神力使然。所以说人一旦有了追求的某种欲望，就会释放出巨大的能量，成为民族的一种精神。这种精神亦成为文化的一大特征。

人也是一种最能吃的动物。何谓吃？吃就是食与饮的总称，叫作饮食。人不仅吃得多，而且还是特别会吃的群体。除了两脚的爹娘不吃，还有能睡的四脚木床不吃，其余的包括地上长的、天上飞的、林中挂的、水中游的，数以万计能维持生命能量的物品，统统都吃，不在话下。食的问题已经说了，饮又是怎么回事呢？饮就是喝。说起喝，首先会提及喝茶，所喝之茶应该是要有茶叶的。茶叶主要无外乎两类，一类是绿茶，另一类是红茶。红茶暖胃，绿茶明目、解毒。雅集时我们通常也称之为品茗，有色香味之韵。而喝水性质就不一样了，清水一杯，无非是调节人体对水分的需求罢了，它与喝茶有着本质的不同。又涉及酒的问题，那话可就更多了。酒是人类生活中不可或缺的一种饮品，这东西像一帖猛药，喝了之后可以迅速地扩张血管，促进血液循环，让人头脑发热，壮胆不已，人不醉心自醉。所以，历史上有“煮酒论英雄”之说。酒也是人类社会的一种润滑剂，不相识的人只要酒过三巡，就可交成朋友，成为同事或同谋，刘备、关羽、张飞的“桃园三结义”就是在对酒当歌中结成的。酒能成您的好事，也能坏您的大事。至于说喝咖啡，那是洋人的习性和癖好，一天不喝咖啡，一日干活就没劲，是咖啡因的作用在刺激着他们。当今中国的这个时代，这洋味也盛行起来了，瞧这80后或90后，早上上班时间急促，就迈开腿小跑式地进了办公室，手上还拿着一杯星巴克。嗨，时代变了，年轻人的习惯也变了。再说喝咖啡的一个题外话，在中国香港的廉政公署，如果要请人到咖啡吧喝咖啡，那是件非常严肃的事，说明您就要惨了，要配合接受调查，一句话就面临着受审。用大陆的话讲，您不是老虎也就是苍蝇。

不管是喝茶、喝水，还是喝酒、喝咖啡，人都是为一种需求而择取的，这种需求实际上是一种欲望。中国古代的思想家、教育家孔子在《论语》中有句名言叫作“己所不欲，勿施于人”，意思是说，如果自己不要想的结果或精神上不情愿被这样那样对待，也就不要使别人遭受不想要的结果和不想要得到的对待。我想这应该是做人的一种最基本的底线。人毕竟多数都是扬善的，所以这个世界才温暖。但不乏也有些私利小人，心底阴暗龌龊，欺善凌弱，算计他人，专营别人不悦而后快。这些人往往见人都不顺眼，看不得别人好，认为这个世界都是欠他的。他们大多活得很累，且又十分地不自在，一旦死了，阎罗大王见了都感到头痛，怎么办？阎王爷一怒之下，干脆把他们投入油锅内翻炸，啪啪直响！这就是中国民间传说中的十八层地狱的第九层，真是报应啊。

人来到这个世界上，总会受环境、现实的约束，会遭遇到各种的不公平、不如意，甚至失落。走在风雨生活的旅途中，有人总结了人生的四大疾苦：一是看不透。看不透人际中的纠结、争斗后的隐伤，看不透喧嚣中的平淡、繁华后的宁静。二是舍不得。舍不得曾经的精彩、不逮的岁月，舍不得居高时的虚荣、得意处的掌声。三是输不起。输不起一段感情之失，输不起一截人生之败。四是放不下。放不下已经走远的人与事，放不下早已尘封的是与非。人生好比一场戏，其经历有精彩纷呈的辉煌，也有失意后的惨败，万念俱灰。在迷茫的挣扎中与其对他人的成功仰望，不如点亮自己的心灯问责自己，重新扬帆启航。

人活在这个大千世界里，有许多问题是看不到或想不透的，往往要狂躁，甚至会要粗。我也想要骂人，但严肃的骂是会出错的，因为别人会体会到水深而受不了；而嬉笑的骂是不会出错的，因为人家没当您一回事，您骂了也当您白搭，自讨没趣。由此看来做人也是一门很大的学问，总结起来可以概括为四句话，叫作：读万卷书，不如行万里路；行万里路，不如识人无数；识人无数，不如高人指路；高人指路，不如小人挡路。适者生存，不适者淘汰。如果您想要胜出，必须要融于这个世界，驾驭这个洪流，生生不息，这就是人的一种精神。你我在人的生命长河中，一定会经历着各种往事，发生过各样的故事……

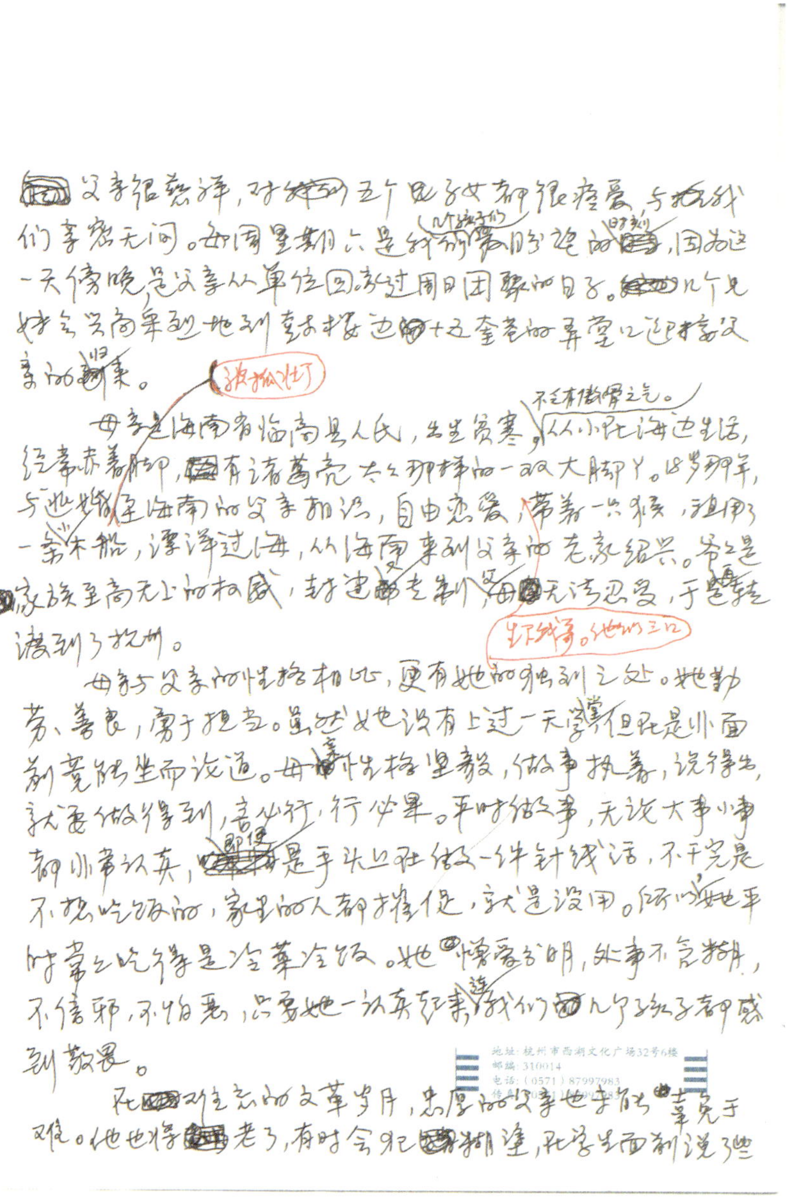

父亲很慈祥，对五个儿子女都很疼爱，与我们亲密无间。每周星期六是小孩子们最盼望的时刻，因为这一天傍晚是父亲从单位回家过周日团聚的日子。几个儿女会兴高采烈地到菜市桥边十五奎巷的弄堂口迎接父亲的归来。

母亲是海南省临高县人氏，出生贫寒，不乏有傲骨之气。从小在海边生活，经常赤着脚，有诸葛亮夫人那样的一双大脚丫。18岁那年，与逃婚至海南的父亲相识，自由恋爱，带着一只猴，租用了一条木船，漂洋过海，从海南来到父亲的老家绍兴。爷爷是家族至高无上的权威，封建专制，母亲无法忍受，于是辗转到了杭州。

母亲与父亲的性格相比，更有她的独到之处。她勤劳、善良，勇于担当。虽然她没有上过一天学堂，但在是非面前竟能坐而论道。母亲性格坚毅，做事执着，说得出，就要做得到，言必行，行必果。平时做事，无论大事小事都非常认真，即便是手头上在做一件针线活，不干完是不想吃饭的，家里的人都催促，就是没用。所以她平时常常吃得是冷菜冷饭。她憎爱分明，处事不含糊，不信邪，不怕恶，只要她一认真起来，连我们几个孩子都感到敬畏。

在难忘的文革岁月，忠厚的父亲也未能幸免于难。他也将老了，有时会犯糊涂，在学生面前说了些

地址：杭州市西湖文化广场32号6楼
邮编：310014
电话：（0571）87997983

作者手稿

第一章

孩儿时的我与梦

我出生于五十年代中期杭州城南鼓楼的城墙界内，位于钱塘江北岸，西湖东南面的吴山之脉。吴山，杭州人又称其“城隍山”，林木葱郁，地貌起伏，石泉叮咚，景观多彩。八百多年前，南宋皇朝就建于此。在南宋建都杭州（古称临安）的一百五十三年历史中，物产丰硕，商贸兴旺，百姓富庶，名人辈出，沉浸在歌舞升平的偏安世界。当时南宋的杭州，称得上是全球最繁华、人口最密集，且又是最漂亮的城市。其文化繁荣，科技创新，人杰地灵。用现代的话来说，当时南宋创造的GDP为世界之最。近千年过去了，往日辉煌的南宋，虽说已成为历史的尘埃，但是能在皇城根下出生，成为昔日皇城的一个小小子民，也算是一件幸事，用命理学的观点讲，是一个很好的投胎。

杭州五十年代的鼓楼

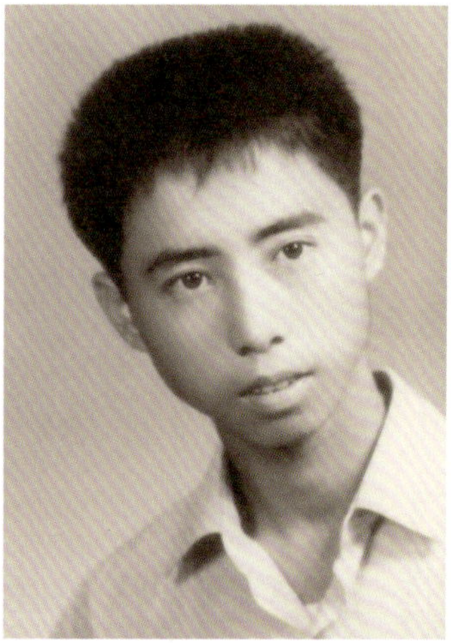
少年时期的我

父亲是孔乙己家乡的人，个头不高，一介儒生。一年四季，上衣口袋总是别着一支墨水钢笔，写起字来一笔一画，像是在刻钢板。而说起话来，却是和声细语、轻里轻气。他很厚道，胆量却小，从不与人争执计较，走起路来格外小心，老是贴着墙根走，生怕树叶掉下来砸破头。父亲一辈子都很低调，肯为别人而付出，像一支蜡烛，照亮别人，燃烧自己。清心寡欲的他，有的地方也极显个性，从不愿低下头去求人搞关系。新中国成立初期，父亲在杭州公安医院工作，被他贴身服务过的一位首长，先后当上了省委书记、国务委员，但他从来都没有去套过近乎，更不用说去开金口。父亲慈祥，对五个子女都很疼爱，与我们亲密无间。每周六是我们几个孩子最盼望的时刻，因为这一天傍晚，是父亲从单位回家过周日团聚的日子。几个兄妹会兴高采烈地到鼓楼边十五奎巷的弄堂口迎接父亲的归来。

父亲的工作证章

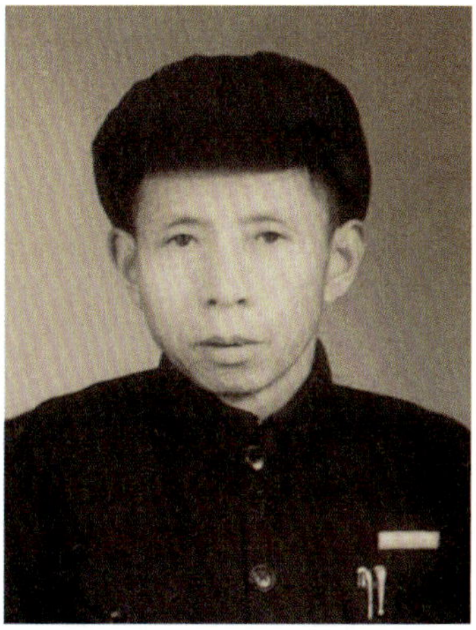

我的父亲

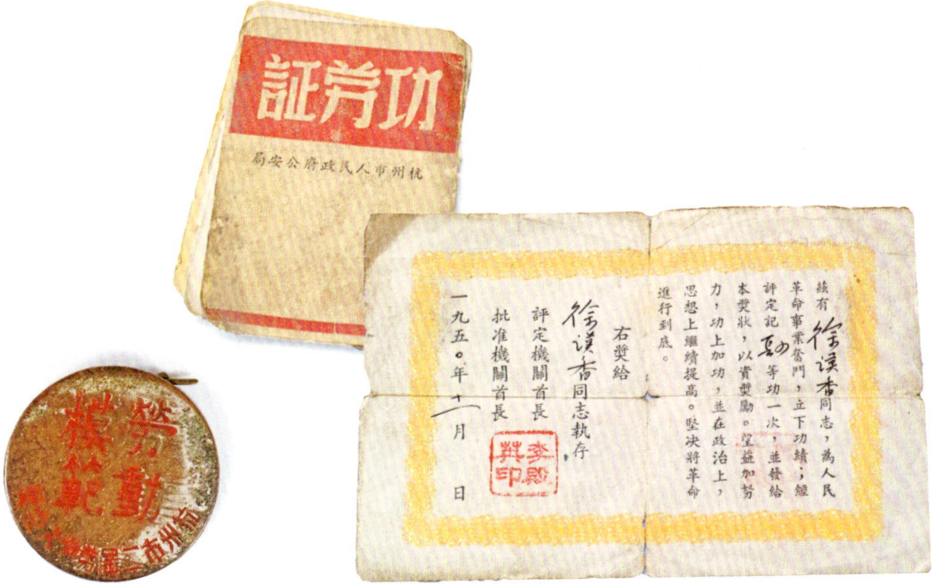

父亲的劳动模范奖章和奖状

母亲是广东临高县（现划归海南省）人氏，出身贫寒，不乏傲骨之气。从小在海边生活，经常赤着脚，有诸葛亮太太那样的一双大脚丫。18岁那年，与被抓壮丁至海南的父亲相识，自由恋爱，生下了我哥。他们三口，带着一只猴，租用了一条木船，漂洋过海，从海南来到父亲的老家绍兴。爷爷是家族至高无上的权威，封建又专制，父母无法忍受，于是又转渡到了杭州。

母亲与父亲的性格相比，更有她的独到之处。她勤劳、善良，勇于担当。虽然没有上过一天学堂，但在是非面前竟能坐而论道。母亲性格坚毅，做事执着，说得出，就要做得到，言必信，行必果。平时做事，无论大小，都非常认真，即便是手头上在做一件针线活，不干完是不会吃饭的，家里的人都催促，就是没用。所以，她平时常常吃的是冷菜剩饭。她憎爱分明，处事不含糊，不信邪，不怕恶，只要她一认真起来，我们几个孩子都感到敬畏。

在难忘的"文革"岁月，忠厚的父亲也未能幸免于难。他也将老了，有时会犯糊涂，在学生面前说了些不合时宜的话，祸从口出，遭人举报，被打成了"反动派"，批斗和"坐飞机"是件免不了的事。回到牛棚里，想想实在是熬不住了，就站到木凳上，卸下电灯泡想自寻短见。但老天不让，当父亲的手一触上电，强力的电流反弹，把他击倒在墙角边。他感到自己没

母亲的“百宝盒”，她生前认为重要的物品都放置于此

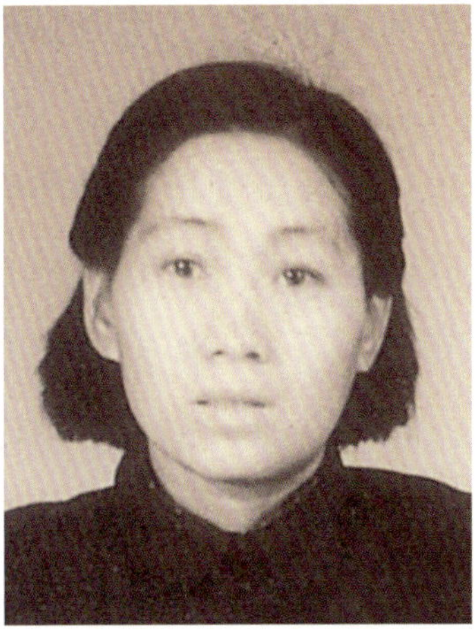

我的母亲

伴随母亲一辈子的腌菜坛

用，更没有想到死也会这么难，绝望之下，抱头嗷哭。

父亲的出事，给我们全家蒙上了阴影。原本勉强度日的家庭，因父亲受审停薪而雪上加霜。此刻，我们的母亲毅然独自承担起了家庭所有的重担。她在街道的一家小企业务工，起早摸黑，每天工作至十五、十六小时。为贴补家用，母亲又定期去医院卖血。她舍不得吃，舍不得穿，把她的一切无偿地献给了我们五个孩子。她从不叫苦，也不说累，告诫我们要学会宽容，要忍，一定要忍，说上天自有公道，不能怨天尤人。母亲的言传身教，使我们从中受益，成就了我们一生的为人。

我们的全家福。弟弟尚未出生，当时的我还被母亲抱在身上（其中站在前排的女孩为母亲的养女）

一 小小淘气包

我从小很贪玩，九岁开始上学，没有少让爸爸妈妈揪心。开学前，妈妈用了两个礼拜的时间，用一块帆布手工缝制了一只书包，还去了布店为我剪了一块小格子布。妈妈的手很巧，她没用滑粉块在布料上画线，三下五去二就把布料裁剪好了，利用晚间，一针一线地为我赶制了一件西式小衬衣。每当我一觉醒来，总是看见母亲在灰暗的灯光下劳作，太晚了，一不小心针刺破了她的手指，鲜血直流。但母亲并未就此停手，她想要给儿子在上学日能穿上这件新衬衣。上学前一天的下午，妈妈提前下班回家了，打来一盆热水，拿着一把普通的剪刀，居然给我理起了发。一看，不错，还挺精神的，脸上露出了疲惫的笑容。

这天晚上，我很兴奋，快到深夜还是未能入睡，因为心里老是想着明天就要上学的事。妈妈催我快快睡，早点起，吃饱早饭上学去。到了黎明时分，家里的大公鸡啼了，我一骨碌地起了床。妈妈对我特别关照，破天荒地为我煮了一个鸡蛋，做了一碗油炒米饭，撒上葱花，特别的香。这个待遇，对其他几个兄妹而言，简直是太奢侈了，让他们羡慕不已，直滴口水。兄弟间你看我，我看你，好不自在。妈妈又催了，我终于用完了餐，背上书包，换上了新衬衣，带着妈妈要听老师话、要好好学习的嘱托，一路跑着、跳着、叫着去了学校。

学校坐落在城隍山脚下一条叫五奎弄的弄堂内，规模极小，没有操场，也没有可供孩子用的活动设施，只有两间教室及在教室门前的那口古井和一颗碗口大、会开红花会结果的石榴树。这是学校的全部家当。是当地街道为普及教育而办的一所民营小学。下课铃响，孩子们像一群群嗡嗡作响的蜜蜂，嬉戏打闹。有的三五成群在课桌边玩皮筋；有的则围在井圈边，往水里看自己的倒影，说是玩哈哈镜；也有的女生在玩踢毽子；男生玩抢皮球；而我与坐在我前桌的两位男生在弄堂的墙边扔石块，比谁投得远。你扔一块，我扔一块，他扔一块，后干脆三人一起来，只听见哗啦啦的玻璃掉地声，才知道闯祸了，石头扔进了教室的门窗内。两同学吓得直哆嗦，并马上跑回教室，坐在了自己的座位上，而我被逮了个正着。老师发脾气了，拉着我到讲台边罚站，拿着教鞭东指西指，要我站直、站好，不准乱动。我知错了，认认真真受罚，一直站到下午放学，头都站晕了。但此事并未因罚站而了之，晚上老师来我家名曰家访，实为来告状，并要求赔偿损坏的玻璃。妈妈听后很尴尬，一面向老师赔不是，一面表示，损坏东西是一定要赔的。老师走了，我怕又要难堪了。出乎我意料，妈妈并没有过多地责备我，而是说，人都应该对自己所做的事负责，转身从抽屉里拿出了一张壹元的纸币，让我明天上学时交给老师，去赔偿和道歉。

一晃，几个星期过去了。刚上学不久的小朋友，已开始慢慢地适应学校的规矩和老师的学习要求。可我还是不长记性，老是想着各种办法去玩。当然，再要我去玩扔石头是不敢了，于是就玩起了斗牛。斗牛很简单，双方用手抓住对方的肩膀，头顶着头，把对方逼到墙根为胜。邻居牛牛是我的同班同学，圆脸大耳长得很结实，力气很大，行动显得有些笨拙。我喜欢挑逗他，但老是被他打败，心里好难受，又好憋气，总想胜他一回。一天下午，同学们都快要放学回家了，而我们俩正好都轮上了值日生，黑板还没有擦干净，两人又扛上了。牛牛说你不是我的对手，我说我是故意让了你的，双方争执不下，又扭成了一团。经过一番较量，我的力气实在敌不过他，于是我就突然松开了手躲避，牛牛的头猛地撞到了黑板尖角上，起了个大包，并开出了一道口子，鲜血直流。还在做作业没有回家的

年迈的母亲还不忘她手上的针线活

同学见状，马上报告了老师，带牛牛去了卫生院包扎。

又犯错了，当时我不敢贸然回家，直直地站在墙门口发呆。老师再一次来到我家通报，要求家长严管，不然就不让我上学。事态还真有点严重，心里好害怕。同时，我又感到委屈，申辩是牛牛自己撞破头的。可妈妈并不是这样想，她认为是因为我耍诈，而导致牛牛受伤，这种行为不可取。这一次，她的态度特别严肃和认真，对我采取了棍棒的教育，并要我向老师写检查。天哪，我只上了几个星期的学，还认不得几个字，怎么办？只能用刚学的拼音来写："我把牛牛的头撞破了，我错了，下次不敢了。"这是我人生写的第一份检讨书。在我写检讨的时候，妈妈进了厨房，动手煎了几个荷包蛋，拉着我去了牛牛家，说是吃荷包蛋，牛牛的伤会好得快。

说起对孩子的教育，妈妈有着自己的方式。她说，溺爱不是爱，要恩威并施，双管齐下，像陀螺一样不打不转，叫作棍棒之下出孝子。在家里，妈妈的地位是最高的，可以说了算，而爸爸只是会赔笑。有时妈妈只要认定我们是犯了错，当她高高地举起鸡毛掸向我们挥舞时，爸爸就会很快地站到我们中间，替孩子挡架，嘴上还念念叨叨地说，该打，该打！一文一武演双簧。

到了二年级的时候，我学乖了很多，变得有点文静，小屁股也坐得住了，自然惹事也少了。上课会认真听讲，还积极举手发言，老师慢慢地对我从批评变成了表扬。老师的话，小朋友是很在意的，也是最爱听的，其权威性比家长要大得多。老师的鼓励激发了我学习的热情，做作业就很自觉、很认真，盼望作业批改回来后，老师给打个五角星或盖上一个优秀字样的红章。每当获得老师给的这些荣誉时，高兴的喜悦总要与妈妈、兄姐、同学、邻居来一起分享。老师肯定我在学习上取得优良成绩的同时，还决定任用我，在全班同学面前宣布，让我担任全班的学习委员、语文课代表。虽说这算不上一个什么官衔，但对我这个小朋友来讲，无疑是荣誉高过一切。很快又进入到了二年级的下半学期。在清明节的那天，老师带我们去万松岭于子三革命烈士陵园扫墓，给我戴上了鲜艳的红领巾，向革命烈士宣誓，成为了一名中国少年先锋队的队员。而后，在我幼小的心灵中，烙下了红领巾就是红旗的一角，这荣誉铸就了我幼小生命的印记。

这是一个纯真的年代，学校对孩子的教育，既单纯又伟大，那就是：为实现共产主义的理想而奋斗！那也是一个坎坷的年代，小学生除了好好学习，还要参加阶级斗争的伟大实践，建立起孩子的敌情观念。老师在讲堂上经常给我们讲述，美蒋特务反攻大陆，妄想颠覆新中国人民政权的阴谋。我们小小的年纪，居然也操心起了国家大事。城隍山连接着紫阳山，我们的老师、同学均住在山脚邻近的一带。这山是我们必去玩耍的地方。我们的玩法很多，捉迷藏、挖地雷、捕蝉等。在暑假期间的一天下午，我与一名叫王立的同学上山抓蚱蜢，爬到紫阳山瑞石洞上方朝下观望，看见一位身着白衣、头盘发结、挂着长须的缺腿老人，在洞穴口闭目静坐。顿时，敌情的观念油然而生。心想，这缺腿老人独自待在这里干啥？莫非是想要发报？这里有玄机。对，他的断腿中一定藏有发报机。快，快去抓特务！于是，我叫同学马上下山去报告老师，我独自盯着这个特务，别让他跑了。很快，老师带着派出所的民警叔叔来了，详细地

同伴争看小人书

排查了该老人的情况，验明了其身份。原来，那独腿老人本是一名修道人。

“文革”海报

二 小鬼来当家

时间过得真快，转眼间，我已是一个小学四年级的学生了。此时的 1967 年，正是“无产阶级文化大革命”如火如荼开展的关键一年，“东方红”、“大海航行靠舵手”的歌声和“打倒走资本主义道路当权派”的口号响彻整个中国大地。红卫兵小将是这次“文革”运动的急先锋，他们大多停止了自己的学业，投入到这场革命洪流中去了。根据“伟大的导师、伟大的领袖、伟大的统帅、伟大的航手”的最高指示，又积极投身于知识青年上山下乡、自觉接受贫下中农再教育运动，以保证伟大的社会主义祖国千秋万代不变色。

我家有五兄妹。老大是哥，老二是姐，老三也是哥，我是老四，老五是弟弟。我们的家与全国千千万万的老百姓家庭一样，都积极响应了党的号召。老大去了农场，老二去了公社，老三直接插队于农户。家中只剩下我和一个没有上学的弟弟。妈妈为了我们的生计，不分昼夜地工作，很晚才能到家。我和弟弟的吃喝拉撒，只能靠我们兄弟俩自己来打理。由于爸爸受审，被限制了自由而不准回家，加上哥哥姐姐们先后外出上山下乡，我们家失去了往日的温暖与欢笑，生活在忧患的世界里。妈妈太要强，我有她的遗传因子。于是，小小年纪也学着妈妈当起了家。

妈妈每天起早摸黑地打工，每个月的收入仅有三十来块钱。平均起来，我们每天的生活费为一元。但她规定，我们每天的生活开销最多只能用五毛，余下的五毛作房租、水电、学费、衣物等必需品的添置所用。对于妈妈做出的规定，我很赞同。五毛钱对我来说已经是一个很大的数字了。每天一大早起来，我的第一件事，就会去一个叫察院前的菜场买菜，花两毛钱买一块小条肉，用五分钱买点腌菜，把条肉切成片与腌菜一炒，荤素搭配，咸淡合适，好下饭。余下两毛五，五分钱买点青菜或萝卜，再花一毛钱买两个鸡蛋，加点葱花一炒或做汤，一天的伙食就感到很满足了。还余下一毛，我都会把它存起来备作他用。至于明天的伙食，我会学着变一点花样，日复一日，月复一年，我们过着自己认为还算是美满的日子。

家里还会出现许多意想不到的开支。如哥哥、姐姐去农

晚年的母亲和我

村上山下乡，经济尚不能完全独立，有时会向家里求援，我们这些孩子在慢慢地长大，对自己的生活与别人比较，在衣着方面也会提出些需求，这都得花钱。为满足家用，我们试着去节约每一分钱。在没有管道煤气的六十年代，我们城市居民的生活，都是用煤球炉和柴火炉来炒菜做饭的，每个煤球店均有柴火可供。为了节省柴火钱，每到周日的休息天，都会跟着妈妈，拉着弟弟，挟着大麻袋，扛上扫把，去山上捡树叶。当树叶装满了麻袋，发现这麻袋竟比我的个头还高。小兄弟俩肩扛背驮，一前一后，在妈妈的护卫下，把树叶搬回了家。晚上做饭时，那树叶往柴火炉内一放，燃烧了起来。虽时时伴随着烟雾而呛人，但我们还是乐此不疲，津津乐道，煮出了香喷喷的米饭。那结下的锅巴，成了我们抢食的美味。

春季，是觅食的好时机，万松岭是我们常去挖野菜的地方。万松岭是杭州市区与山林的交界，西起湖岸，东抵江干。离家很近，步行最多也只有二十分钟的路程。旧时是南宋皇朝的皇城根，贵气天成。据说，是因大诗人白居易“万株松树青山上，十里沙堤明月中”诗句而得名。

龙爪菜

漫步岭中，古道蜿蜒，灌木丛生，各种植物遍地，随处可见。其中，有一种名叫山凤尾的野菜，我们经常会用它来食用。山凤尾又名龙爪菜、龙头菜，也有叫吉祥菜、如意菜、狼萁、蕨菜等，通常采摘它还处于卷曲的嫩芽，烹制后，色泽红润，口感滑嫩。其根茎含有大量淀粉，亦可制作粉丝、粉皮食用，是一款不可多得的野菜美味。还有另一款经常出现在我们餐桌上的野菜，叫作灰苋菜。该菜又名灰灰菜、灰条菜、落藜等，是一年生的藜科草本野生植物，不管什么地方，墙头缝、屋顶上，它都能长出来，而且蓬勃茂盛。杭州城隍山脚灰苋遍地。烹制后有一股特具的草野清香，可好吃了！听隔壁王奶奶说，吃灰苋菜在她童年的时候很盛行。她做灰苋菜的手艺还是她的奶奶教的。只要将灰苋菜反复浸洗数次，入开水锅中汆熟，捞出待凉，切细，用盐、油拌之即成。灰苋菜从来没有特别的做

灰苋菜

法，更不需要什么珍贵的配料，在所有的菜谱上没有它的位置。而在民间，特别在乡村，懂得如何烹制的人却很多很多，代代相传。据吴东峰所著《共和国将军轶事》，红军长征路上过草地所吃的多种野菜中，就有灰苋菜。

灰苋菜作为人类的食品，历史已很悠久。但它在古书中的名字叫藜藿。《韩非子》记有："尧之王天下也，粝粱之食，藜藿之羹。"若这记述可靠，那食用灰苋菜便有四千多年的历史了。三国魏人王肃编的《孔子家语》有好几处提到这种野菜："昔者由（子路）也事二亲之时，常食藜藿之食"；曾参"妻为藜藿不熟，因出之"；孔子困于陈蔡时"不得行，绝粮七日，外无道可通，藜藿不充，从者病"。可见春秋战国时期，灰苋菜是常食。当然，历来真正饱"藜苋之肠"者，还是那些布衣、黔首之庶民。灰苋菜之类解除了无数饥馑荒歉之岁的灾民的困厄，使他们赖以苟活下来。如今食用已不再是重蹈那历史的风尘，或作什么忆苦思甜。讲得简单些，仅因为饫甘厌脂，嘴都吃腻了，换换口味；讲得复杂些，则是以此寄托浓浓的乡情与亲情。

夏季的杭州，天很闷热，骄阳似火，蝉鸣蛄叫，像我们这样的庶民人家备饭则求简易清爽，这葱花虾皮汤就成了我们下饭必备的佐食。它并不逊于一般常菜，能清口腔，涤肠胃，给人以舒爽的享受。

我每天执行买菜、做饭等家务。我所安排的膳食生活颇为“杭州化”，有时即使是数九寒天，也离不开泡吃“葱花虾皮汤”。我以为，这是“人间天堂”的一款美味。

此美味制作材料及方法十分简单，虾皮价格低廉。葱花儿，一只破脸盆里自家种，只要烂泥，不要金钱投入和其他成本，当然轻松！然而，最简易的办法，就是好办法，而且是最好的办法。为什么？因为简单。正所谓“活得简单，才能活得快乐”！更何况，虾皮补碘增钙，葱花使人耳聪，价廉物美！

虾皮是以毛虾为原料，不去壳，经煮熟后晒干（或烘干）的干制品，浙江沿海均有出产。温州苍南虾皮尤佳，其制售最早见于南北朝，至今有1500多年历史。清代发展较为迅速，今已远销海外市场。虾皮作为地道的浙江民间吃食，每到春去夏来便成热销货，以它为原料的菜应运而生。葱花虾皮汤成为虾皮馔中最普遍而又最受人喜爱的佳肴。此菜制作特别简便：碗中放入一把虾皮，倒上点酱油、味精，撒上一撮葱花，用开水一泡即成。一斤虾皮能泡二三十碗，不用开炉灶，既省事，又实惠。

三 五光十色的梦

离我家不远处，有一条弄堂，叫咸鲞弄。我每天去菜场买菜都会经过。弄堂里有一个不小的四合院，四周矮矮的围墙是用红泥砼筑成的，很结实。黑瓦、灰墙，宽宽的双开铁制大门显得格外庄严。每当走过，都会自觉不自觉地瞧上一眼。

偶遇春季周末，见主人携家老少，在他家的庭院内，拉起了手风琴，像是开音乐会。院内向阳盛开的各种花儿，也伴随着琴声，沉浸在拉、跳、弹、唱的旋律之中。这琴声穿越了里弄的时空，在大地回响，吸引了四面八方街道的左邻右舍。许多孩子都纷纷围拢过来，争相在铁制大门的门缝里窥看，觉得不满足，就干脆搬来木凳，或搬来砖块，站在上面，趴在矮墙上看个过瘾。

《童子乐队》　清·焦秉贞　作

四合院的主人，是一名从事电气工程的知名工程师，从外国回来，西装革履，颇有点洋味。在那缺少电力的年代，他们有着专业的技能，为我们这个国家作贡献，均受着政府的爱护与俸禄，也深得社会的抬举与尊重。所以，对于这个工程师来说，他与他的家人的生活，或享有的幸福感，较一般百姓来说，有着天壤之别。我很羡慕这名工程师，更羡慕他的成就与辉煌。虽说我是小小的年纪，但总是不由自主地会去想很多，很多，想着，想着，有时候还真的会产生幻想：相信有一天，我一定会变成他，一定要做一名知名工程师。这就是我在孩儿时产生的第一个梦想。

乘着玉龙雪山的缆车，登上海拔 4506 米的高峰，寻找孩儿时的梦想

快到了中午时分，我还是沉迷在工程师家的矮墙边围观。后才发现，啊！时间已经晚了。自己没有做自己该做的事，耽误了做饭，让在家的小弟饿着肚子哭闹，便拔腿赶紧往家里跑。幸好，回家一看，原来是隔壁的鞋匠大伯看不下去了，就拉着我小弟去他家吃了中饭。晚上，妈妈下班回家了，被小弟告了黑状，我就没有什么好果子吃了，被狠狠地教训了一顿。

我家斜对面，有一个很大很深的墙门。内住有七十二家房客，门内有院，院内又有门，层层叠叠，庭院深深。在 1949 年新中国成立前，是一个两广会馆的旧址，新中国成立后，虽然会馆被撤销，政府将它改建为民宅，这里居住的多为两广籍人士。

我妈为广东籍人，闲暇时，总会往那里跑，义务为老乡们的家庭做点事。比如谁家的小孩或老人头发长了，就帮助理一理，谁家买了一块布料，想节约点裁缝钱，她会主动地帮助裁剪或缝纫，见人问寒问暖，乐意助人为乐，以此寄托其浓浓的乡情。在这个墙门里，我们家的几个兄弟姐妹，因年龄大小的不同，各自都有着不同年龄段的朋友。有时候孩子们会三五成群地集结起来，叽里呱啦地说笑，整个墙门都会被折腾得让人受不了。

这本是一个十分普通的墙门，住户的出身、职业、年龄层次均不相同。它像是一个大社会，在这个社会里，不断地演绎着他们的爱与恨，情与仇，生与死的故事。这墙门也好像一片林子，林子大了，就有着各种各样的鸟。邻居间相处的时间长了，不免也会产生一些矛盾。李家与张家的孩子刚还一起玩，玩着玩着，就干起了架来。本来两家关系好好的，为了孩子的事，两家的大人居然翻起了脸，两个爸爸拳脚相加，打得鼻青脸肿。张家的爸爸，一头鲜血流淌下来，吓倒了众邻，赶紧报120急救。

与李家相邻，有一对夫妇，是墙门内出了名的安分人，双双就职于一家服务企业当工人，晚年得子，靠诚实勤奋，算是过上了安耽的日子。其子小亮与我同岁，也是同学。从小体弱多病，不是头痛就是脑热，跑几下就容易晕倒。他很坚强，不善言表，有时拉他出去一起玩，稍动一下，他的额头就出汗，出现虚脱，我与其他同伴轮流背着他。他的脸蛋会露出丝丝的笑容。病魔无情地在折磨着小亮，为了不让小亮寂寞，我与另一位同学经常会去他家做作业，帮助他补习补习功课。每次去他家，他都会很开心，很兴奋，笑容是那么灿烂。我们大家对他都非常牵挂。一天早上，我们发现他没有来上学，中午放学后马上去他家看望，听邻居说他进了医院，医生诊断说是患了急性脑膜炎。虽经抢救，无力回天。这一去，他再也没能回来。他小小年纪，还没来得及读完四年级的课程，就这么匆匆地走了。同学们很难过，老师很悲伤，他的父母白发人送黑发人，更是悲痛欲绝。

墙门内，年事最高的数周大爷。他年过八旬，四代同堂，身体还算硬朗。用他的话说，多行善事，必有福。墙门内不管大事小事，红白喜事，都会出现他的身影。周大爷最喜欢我，见了就不停地问这问那，并用手整整我的衣服，拍拍我的肩膀说，乖，别跑，小心摔倒。我放学回家时，周大爷站在墙门口见了，都会对我大声招呼。有时上前，塞一颗糖果在我手里，让我吃。久而久之，触景生情，我与周大爷之间建立了不是亲人，胜似亲人的这么一种邻里关系。

又是一个星期天来到了，吃过午饭，我与邻居的几个小朋友上城隍山玩儿去了。傍晚回家，见到对面的墙门口围了许多人，面色沉重，墙门内阵阵哭声不绝于耳。证实是周大爷仙逝了。闻此噩耗，我心情特别沉重，吃不下饭，一直为周大爷的突然去世感到悲痛与惋惜。不日，一辆人力香蕉车缓缓地驶来，拉走了和蔼的周大爷。众邻们怀着依依不舍的心情，挥泪告别。

周大爷很节俭，自己舍不得吃，舍不得穿，把他自己所有的一切，都献给了家人和他的晚辈。周大爷生前曾在自己家门口种了棵枇杷树，每年的五月都会结满果子，果子很酸、很涩，连小孩都不会去拿来吃。可周大爷却舍不得丢，他把这枇杷连肉带核一股脑儿地吞下了肚。由于食用过量，发生了中毒，就出现了这悲惨的一幕。

墙门内，有个姓林的大姐，是信耶稣的。经常听她说："世人都不想死，都想逃避死亡。可是唯有藉着耶稣才可以得永生。”我很好奇，很虔诚，突发奇想：如果有一天，我真的有能力去为世人解除病痛，或能救人一命，我也宁愿被钉在十字架上。于是，我又想当一名白衣天使，来从事救死扶伤的神圣事业。这是我在孩儿时产生的第二个梦想。

我家的墙门很小，只有三户人家，分别是王氏、邵氏和我家徐氏。邵氏家庭最有钱，说是父母辈在新中国成立前，还当过造纸厂的资本家。女主人邵大妈，精通财务和人事管理，且相貌靓丽，身材窈窕，手执细长的香烟，看上去就不像一般的人家出身。邵大妈手上有一门绝活，业余时间，会做各式各样的中西服饰，她虽不是职业裁缝，但胜似裁缝。她的衣着讲究得体，进进出出很有范。

已长大成人的我，在丽江回忆孩儿时幕幕往事，感到像丽江的水一样清澈透亮

邵大妈对我们家比较关心，不时会给予我们的生活一些照料。我对邵大妈存有感恩之心，一直都对她很尊敬，主动找事，帮她家干些

力气活。遇春季的雨水天，她家门前的泥路凹陷，我会找些石块帮助铺平，以防她不测。特别是她外出数月，我会当自己家一样帮着照看，一直等着她归来。

时间过得太快，转眼我已经成为一名初一的中学生了。随着年龄的增长，对生活美的追求欲望就越来越强烈了。在街上，我看到别人穿着的呢料子裤很端庄，又很保暖，心想，如能给我辛苦的妈妈做上一条该多好。此时的我，又产生了要当一名优秀的服装设计师的第三个梦想。

我当家安排家庭的膳食已经有三年多了，精打细算，每天均要从口中积攒下一毛。数一数，加起来已快有一百块钱了。于是就自作主张，花去了九块七毛钱，购买了一米的呢料，求邵大妈帮忙做做，好给妈妈一个温暖与惊喜。裤子很快做好了，拿到妈妈面前，妈妈不但没有丝毫的高兴，突然脸一沉，问：这是哪来的？我半晌不说话。妈以为这是不义之财，那问题可就严重了。妈操起扫帚

人生就像一场戏，当我走进那拉提草原，感到自己的渺小

柄，劈头盖脸地打下来了。妈妈边打边哭，越打越猛。快要出人命了，关键时刻，邵大妈跑进了我家。她批评妈妈武断、动粗，替我说明了事情的原委，妈妈终于明白了。她一把把我拉过去，抱在怀里放声大哭。这哭声，划破了夜晚寂静的天空。此刻的妈妈，我想她一定是恨喜交加。恨的是我不该克扣有限的生活粮饷，喜的是儿子终于懂事了，成人了。

我的童年，过早地步入了成人的生活经历。虽失去了与生俱来的许多童趣，但使我懂得了人世间的真善美。俗话说，从三岁可以看到老，说明要注重对孩子的从小教育。《三字经》有云：人之初，性本善，性相近，习相远。意思是说，人生下来，都是善良的，无好坏之分，慢慢地长大了，接触的事物多了，人之间会产生不同的价值观与思想观。我虽不出身于名门世家，而是普通百姓，但我与千千万万的劳动者一样，构成了中国社会的一个缩影。

弹起幸福的人生歌

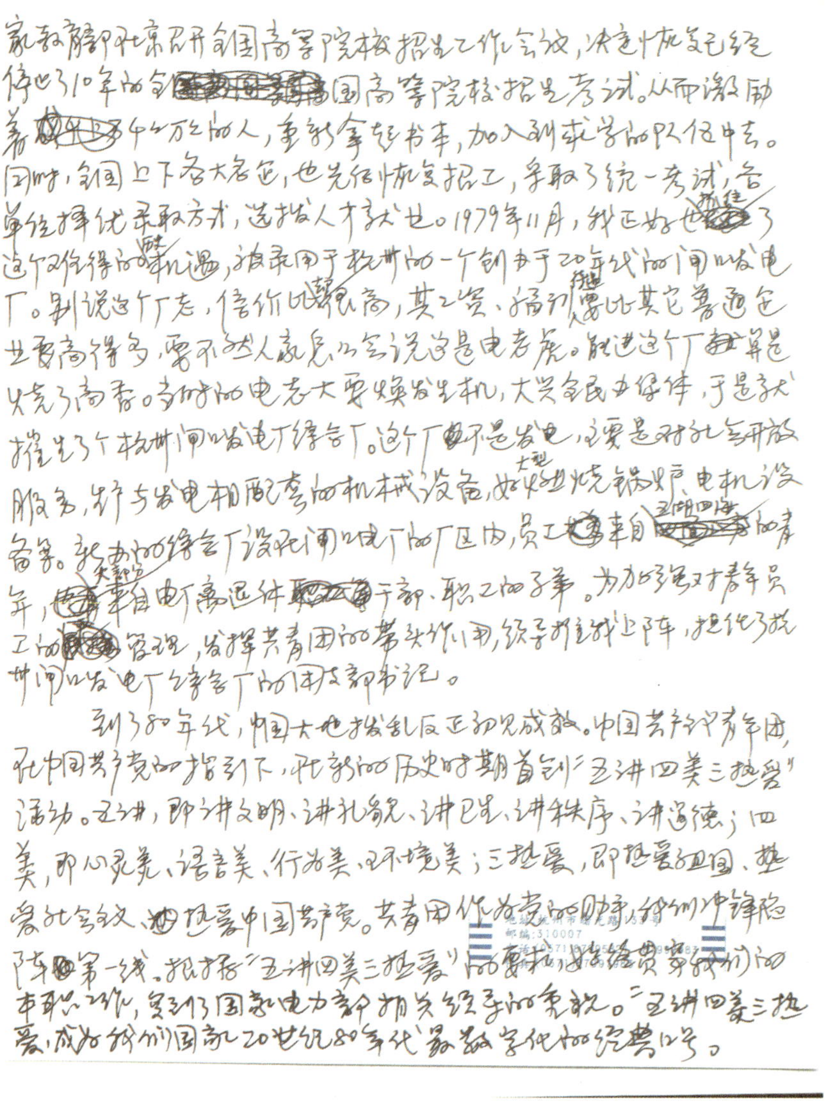

家教育部在北京召开全国高等院校招生工作会议，决定恢复已经停止了10年的全国高等院校招生考试。从而激励着4千万之众的人，重新拿起书本，加入到求学的队伍中去。同时，全国上下各大企业，也先后恢复招工，采取了统一考试，各单位择优录取方式，选拔人才就业。1979年11月，我正好也抓住了这个难得的机遇，被录用于杭州的一个创办于20年代的闸口发电厂。别说这个厂志，待遇比较高，其工资、福利都要比其它普通企业要高得多，要不然人家总是会说这是电老虎。能进这个厂就算是烧了高香。当时的电老大要换发生机，大兴全民办实体，于是就撑出了个杭州闸口发电厂综合厂。这个厂虽不是发电，主要是对社会开放服务，和与发电相配套的机械设备，如大型燃烧锅炉、电机设备等。我办的综合厂设在闸口电厂的厂区内，员工来自五湖四海的青年，大部分是来自电厂离退休干部、职工的子弟。为加强对青年员工的管理，发挥共青团的带头作用，领导推我上阵，担任了杭州闸口发电厂综合厂的团支部书记。

到了80年代，中国大地拨乱反正初见成效。中国共产主义青年团，在中国共产党的指引下，在新的历史时期首创"五讲四美三热爱"活动。五讲，即讲文明、讲礼貌、讲卫生、讲秩序、讲道德；四美，即心灵美、语言美、行为美、环境美；三热爱，即热爱祖国、热爱社会主义、热爱中国共产党。共青团作为党的助手，始终冲锋在阵第一线。根据"五讲四美三热爱"的要求，我结合实际我们的本职工作，受到了国家电力部相关领导的重视。"五讲四美三热爱"成为我们国家20世纪80年代最具有特色的经典口号。

作者手稿

第二章

起步茫茫人生路

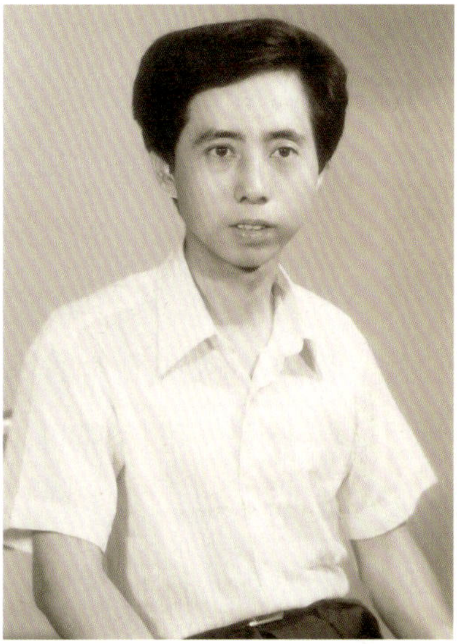
刚步入社会的我

初中的学业已经结束，我进入了杭州一所知名中学——杭州市第四中学就读高中。轰轰烈烈的“无产阶级文化大革命”已进入了决战的后期，学校作为革命阵地的主体，反对封资修的教学革命首当其冲。学生停课闹革命，学生学工、学农、学军，学生上讲台成了一种主流。不知不觉，高中的两年学业就这么匆匆而过。

1974 年的夏天，我高中毕业了。当时，全国所有的大学都没有高考，就不会有招生。所以，我就过早地迈入了社会。这个社会有点奇葩，企业单位不生产，不招工；行政单位喊口号，管吃饭。像我这种刚从学校里出来的小屁孩，当然会被这个社会边缘化。二十来岁的我，一日六碗饭，整天围着锅台转。

江干区通江街道人民政府，是辖区的父母官。旗下有一个劳动站，百姓都尊称站长为阿英姨娘。她住在我家的南面，从小看我长大，认为我做事踏实、靠谱，就介绍我到街道办的一家箬壳厂工作。箬为一种竹子的壳，叶大而宽，可编竹篮。该厂产品，主要是把卷曲的箬叶摊平，用细竹签把若干张箬叶编在一起，成一方块，叠加成堆，扎牢，送火柴厂包装火柴用，以免存放或运送时受潮。这箬壳厂职工多为五十岁以上的老太，有的还是残疾。我每天的工作是帮她们打包、叠包，然后用人力三轮车运送至闸口水澄桥边的火柴厂。工作虽然辛苦，但一个月能赚到 15 元钱，至少能养活自己，也为家庭减轻了经济压力。我内心感到很大的满足。

这些老太，虽然唠叨，时间处久了，有家人的感觉。她们不能一天见不到我，不然，必会问这问那；我也不能一天没有她们，不然也会闷得发慌。这里的工作虽十分的简单而重复，但体现了人世间的一种温暖与默契。一天，街道劳动站站长把我叫去，告诉我本辖区的江城中学，有一位老师患不治之症，急需要找一名教语文的代课教师，问我是否有能力胜任。对于她的发问，我当然持了肯定的态度。但是，一想起这些与自己朝夕相处的老太们，要离开她们，还真有点过意不去。我沉默了许久，还是站长看透了我的心思，她发了话：年轻人要捡得起，放得下，应该要有更高的追求才好嘛！她这番既朴实又激励的话，让我感动不已，至今还铭记于心。

杭州江城中学，创建于 1954 年，因地处江城路而得名。与南宋皇城水城门遗迹相邻。学校有一千多学生的规模，教师百余人。能成为该校园的一名代课教师，深感莫大的荣幸。这种荣誉的幸福感，所激发出的一种工作热情，投入而忘我，辛苦而无憾！在学校教书的这些快乐日子里，我仿佛又回到了自己的学生时代，往事历历在目，回味成长时的烦恼。顿时，我突然觉得自己俨然像个长者，与这些同学相遇在历史的回廊中。他们的成长，一定比我们更阳光，更健康，他们的前程，一定比我们更远大，更辉煌！

我与学生合影

1976 年 10 月，我国的“无产阶级文化大革命”宣告结束。1977 年 9 月，国家教育部在北京召开全国高等院校招生工作会议，决定恢复已经停止了 10 年的全国高等院校招生考试，从而激励着千千万万的人，重新拿起书本，加入到求学的队伍中去。同时，全国上下各大名企，也先后恢复招工，采取了统一考试，各单位择优录取的方式，选拔人才就业。1979 年 11 月，我正好也抓住了这个难得的历史机遇，被录用于杭州的一个创办于 20 世纪 20 年代的闸口发电厂。别说这个厂老，性价比却很高，其工资、福利待遇要比其他普通企业高得多，要不然人家怎么会说这是电老虎？能进这个厂算是烧了高香。当时的电老大要焕发生机，大兴全民办集体，于是就催生了个杭州闸口发电厂综合厂。这个厂不发电，主要是对社会开放服务，生产与发电相配套的机械设备，如大型燃烧锅炉、电机设备等。新办的综合厂设在闸口电厂的区域内，员工是来自五湖四海的青年，大部分是电厂离退休干部、职工的子弟。为加强对青年员工的管理，发挥共青团的带头作用，领导推我上阵，担任了杭州闸口发电厂综合厂的团支部书记。

到了 80 年代，中国大地拨乱反正初见成效。中国共产主义青年团在中国共产党的指引下，在新的历史时期首创“五讲四美三热爱”活动。五讲，即讲文明、讲礼貌、讲卫生、讲秩序、讲道德；四美，即心灵美、语言美、行为美、环境美；三热爱，即热爱祖国、热爱社会主义、热爱中国共产党。共青团作为党的助手，我们冲锋陷阵第一线。“五讲四美三热爱”的要求，始终贯穿我们的本职工作，受到了国家电力部相关领导的重视。“五讲四美三热爱”，成为我们国家20世纪80年代最“数字化”的经典口号。

杭州开展“五讲四美三热爱”活动中的团干部，在余杭党校门前合影（作者右二）

一　小楼纪事

闸口电厂发电机组的马达声，隆隆作响，不绝于耳。当热能转换为电能，而电能又还原成各种形态的能源时，一种无休止的自耗也在闸口电厂的后院进行着。七八十号人，无固定的生产业务，干拿工资，靠电厂给的一点活聊以生存。集体的综合厂快要办不下去了。

我在想，这究竟就的是什么业啊？于是就产生了一个想法：闸口地处人口密集区，是通往浙南的交通要塞。为何不搞个服务性的三产？开办一家自负盈亏的饭店。都是活生生的人，有一双劳动的手，干吗要靠大锅饭供着？我的想法得到了厂长的支持。厂长很快借了 27000 元，在厂区临街的一个拐角处，盖了一幢两百多平方米的二层小楼，取名八卦楼。像是串挂着的

初建八卦楼门面

初建八卦楼二楼餐厅

粗衣旧衫，拥抱着连绵错落的职工民宅。

但是，跑到我这个“小锅饭”里来的究竟会是一些什么样的人呢？告诉您，总共只有十二个人，我是“党代表”，另外十一位是女将。有病的，常请假的，等着做妈的，也有正在喂奶的。这些娘子军，整天稀里哗啦的，哪是我这个综合厂的团支部书记所能带得了的？年轻人有时不太会安分守己，喜欢冒险成为他们的性格。所以，冲动和勇气往往会抹平自己的一切疑虑，我要试过、闯过才肯认账。

但是，创业并非想象的那样美妙。我们开办的饭店，是属第三产业，当时未能列入国家的用粮计划。怎么办？凑吧，员工间你拿出二百斤粮票，他凑三百斤粮票。煤呢？也没指标。没有煤又怎么生火？只能把自己炉膛的煤票献出来。缺乏资金，用电厂的一堆废材料兑换了五千元钱，买了一台开店必不可缺的浪琴冰柜。从叫卖冰棍、馄饨、面条开始。有人说，勤劳可以造就天才，但未必能保证生财。当这支娘子军，每天以十六七小时两班倒的营业，面对那些熟面的主顾时，已经累得快溃不成军了。吃了上顿，顾不了下顿，说话声音都嘶哑了，连那冰柜浪琴，也疲惫得嗡嗡直响而离了谱。这些冰棍、馄饨、面条的顾客群体，只加快了小楼的运行节律，却没有能增进财富聚敛的速度。八卦楼这叶小舟，何时能飘到顺风顺水处？

我头枕小楼，夜不能眠。闷坏了，猛地拉开了北窗，一股淡淡的清香漂浮过来。不远处就是南宋皇宫籍田八卦田。景物施主，灵念就产生在了这一瞬间。我想西安有仿唐菜，北京有清代宫廷的御膳，我为何不搞个仿宋菜？对，我那小楼的杏黄酒旗，就朝着宋代飘吧。确定了目标，我骑着自行车隔三岔五

八卦楼开业一周年座谈会

地往文二路和文三路方向跑，那里是浙江高等学府的所在地。我认为搞宋菜，必须要懂宋史，而懂宋史的就数那些学者。只要能把学者请进来，就抢占了宋菜研究的先机。

闯进去一个求知者，迎来了一批研究新军。林正秋先生是一个专门研究宋史的专家，涉及南宋政、商、史等研究，唯南宋饮食还没来得及下功夫，他带着我一起去见了徐规教授。徐规教授是林正秋先生的老师，为宋史研究权威，“北有邓广铭，南有徐规”啊。他从内屋出来，手上拿着一个《清明上河图》长卷，将其慢慢展开，操着一口温州话说：“你仔细看看，上面市场繁荣，建筑风格考究，可以想象南宋京城的鼎盛。那是一个文化灿烂的年代啊！你如果能想到这一点，就可以坚定自己的事业信心了。”

“杭州中国南宋名菜研究会”很快在八卦楼成立了。用这块牌子终于把学者统一到餐桌上来了。学者们投入了知识，投入了古籍；我投入了小楼，投入了饭钱，还投入了我的整个身心。我找味中史，他找史中味。经商的，治学的，就这样有机地结合了起来。我已不再是借历史的旗帜来刺激单纯的经营，也不是为了让酒杯碰出饱餐一顿、嘴巴流油的交易，而是为了餐桌文化的“天地重光”，让历史展开新的一页。

1985 年 5 月，八卦楼来了一批特殊的客人。他们是来参加宋史国际学术讨论会的。主任委员分别由邓广铭和徐规教授担任，这群世界级的宋史研究权威，来到八卦楼无非是想要鉴别宋菜的真伪。当云鬓高髻的“仕女”端上一道道色彩斑斓的仿宋菜，他们疑虑的目光换作了惊诧的神情。一位老外说，“餐桌上的论文我还真没有读到过”；另一位又说，“经营为科研开辟了新路，有意思”；德国籍教授说，“这虾丸子比起其他的菜更鲜美，那鲜味与放味精的完全不是一种格调”。他们像是一个个严厉的考官，给我下了久盼的评语。席间，邓广铭教授挥笔题写，“我读南宋书，不知南宋味。今晚八卦楼，方知宋菜美”；云南大学宋史专家李埮写道，“不至此楼，不唯不知宋味，亦不知宋史”；日本的宋史学专家佐竹靖彦用中文写道，“久仰大名八卦楼，飞来万里不为虚。好吃好色十七种，真谢今天在此洲”。

北京大学赵宝煦教授，也慕名前来八卦楼造访。临别时，他题写了一首诗却让我感到不安：“八卦楼顾尝宋菜，初识经理徐海荣。徐君青春正年少，才识胆略一世雄。”我算什么“世雄”，不就是搞了几个古味小碟吗？我敬仰从披荆中前行的拓荒者，也仰慕莽原中寻宝的探险家。可惜，我永远也到达不了这种境地。

浙江省博物馆名誉院长沙孟海（右二），浙江省文史馆馆长郭仲选（左一）在八卦楼

与沙孟海、郭仲选二老亲切交谈

出席“首届中国宋史国际学术研究会”的中外学者光临八卦楼题字

北大历史系邓广铭教授（左二），与日本宋史学家佐竹靖彦教授，饶有兴趣地观看云南大学李埮教授的题词

与北大历史系教授邓广铭（右二），杭大历史系教授徐规（左二），云南大学教授李埏（左一）在八卦楼留影

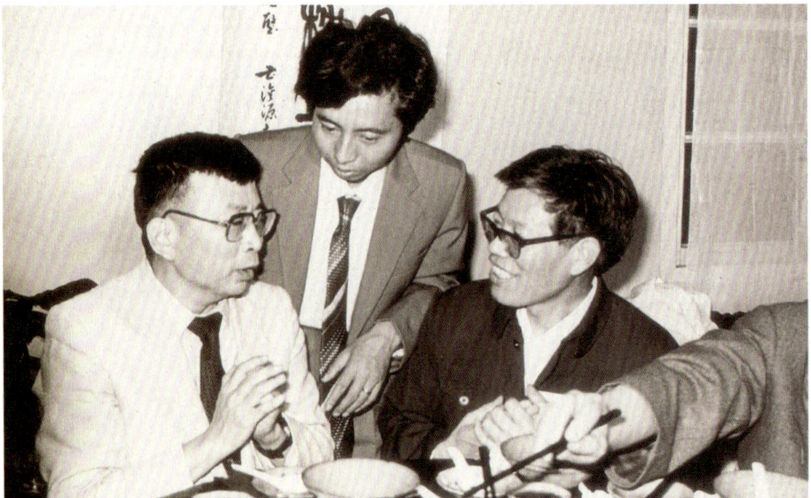

与日本知名宋史学家佐竹靖彦教授（左一），杭大历史系金普森教授（右一），谈品尝宋菜的感受

德国教授谈八卦楼的宋菜，激情满满

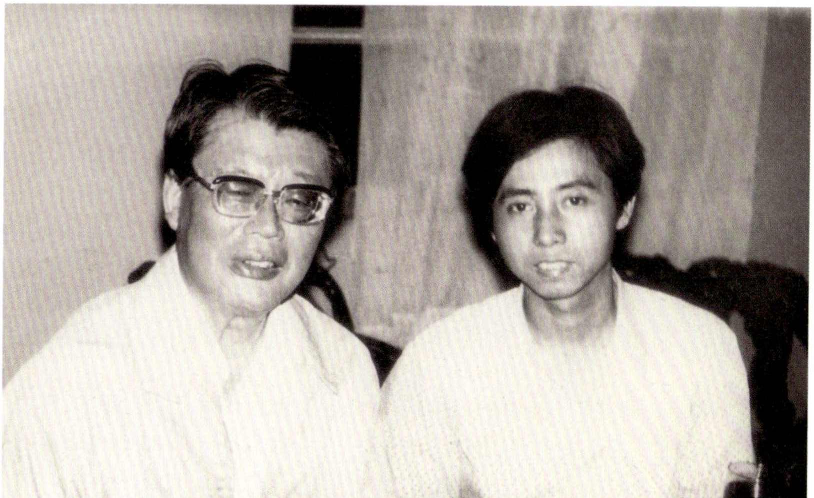

与知名学者苏绍智先生在八卦楼留影

二 八卦楼打出去了

1985 年 11 月 29 日，我带领了八卦楼的四位厨师，赴上海进行南宋名菜烹饪交流，不放味精而鲜美独特的十五道南宋名菜，博得上海各界人士交口赞誉。原中顾委委员魏文伯欣然题词："南宋名菜天下扬。"著名书画家王个簃高兴地说："鲜，鲜！"

"八卦楼"是应上海市文史馆邀请专程赴沪献技的。在十一月三十日举行的品尝会上，当身着宋服的女服务员翩然入厅，端上一道道南妙膳、水晶脍、江瑶清羹和鳖蒸羊等南宋名菜时，席间不时响起阵阵赞叹声。上海市文史馆馆长徐常太即席讲话说，国外对中国的宋菜评价很高，认为宋菜是中华民族文化的一朵鲜花。宋菜是一种科学的制作，它既是食品，又是一种艺术。

“八卦楼”这次来上海，使我们有幸品尝到千年以前的菜肴，很有特色。

上海市财贸办公室主任王光俭热情赞扬说，“八卦楼”带来的南宋菜新鲜别致，不肥不腻，鲜嫩爽口，营养丰富。王光俭还说，上海同行要向“八卦楼”学习，欢迎“八卦楼”在上海开设分部。

出席“八卦楼”南宋名菜品尝会的还有上海市政府办公厅、市委宣传部、市委统战部、市政府、市文化局的领导和各界名流。

率八卦楼一行赴上海交流

受到上海工商界、文化界知名人士的欢迎

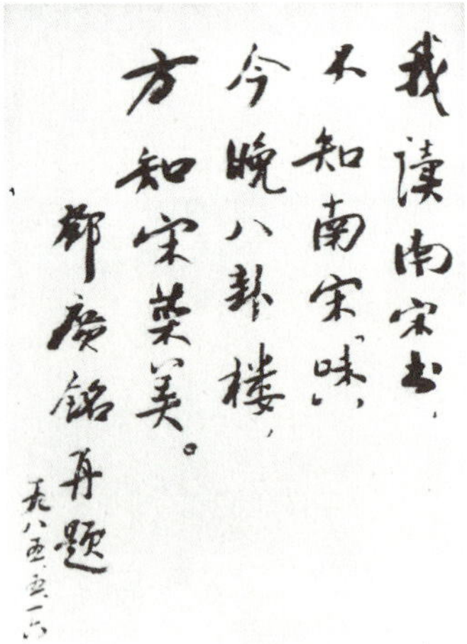

我读南宋书，
不知南宋味，
今晚八卦楼，
方知宋菜美。
邓广铭再题

著名宋史学家、北大历史系教授邓广铭先生的题字

莼菜笋

这次赴沪，引起上海新闻界的很大兴趣。《解放日报》《文汇报》《新民晚报》和上海电视台等新闻单位纷纷派记者进行现场采访。于是，我就给他们讲述了与南宋菜相关的故事。

公元 1127 年，南宋小朝廷偏安临安（今杭州），北方人大量南移，汴梁（今河南开封）的许多酒栈、饮食店也随即迁来，一时间，出现了南料北烹、风味融合的新菜肴体系。

吃过鱼丸子、肉丸子的不乏其人，可尝过《梦粱录》中记载的南宋名菜“虾丸子”的，恐怕为数不多。

我们的师傅们在虾肉中掺进鱼浆，再加上适量的猪油，经过 15 次修改配方、反复试制，终于做成了既有虾的鲜美，又有鱼的细嫩的虾丸子。

荔枝白腰子也是南宋时的一道宫廷名菜，究竟是荔枝烧猪腰子，还是猪腰子切成荔枝形？我们在查阅了大量资料后明白：荔枝这一鲜果，在宋朝时是贡品。猪腰子却是民间的食品。按皇室规矩，猪腰子不登大雅之堂。由于赵构南渡途中，曾吃过猪腰子，定都后，又回味起猪腰子的菜，但又怕失体面。此时都市的饮食店铺采用炒、焙、蒸、酿等不同方法烹制猪腰子，以求翻新花样招徕顾客。御厨便向民间学习，将猪腰子制成荔枝状，终于使其成为南宋名菜之一。

荔枝白腰子这道名菜，猪腰子对切开，去腰臊；先用斜刀法在原料上切成一条条平行刀纹，再转用直刀法，切成一条

荔枝白腰子

条与斜纹相交成直角的刀纹，然后切成荔枝花形。把切好的腰子入清水反复冲洗，去净血水，沥干水分，再用香雪酒、姜汁渍过。然后用两只炒锅，一只加清水，一只加高汤。清水煮沸时，将切好的猪腰子倒入，汆入呈嫩白捞出，再放入高汤锅，立即出锅装盘。烧熟后的腰片卷曲成圆珠，状如荔枝，色泽鲜嫩，宛若美玉。

八卦楼的南宋菜以天然原味取胜，调味的高汤系采用鸡、鸭、鲜笋、香菇、豆芽等煨制。已挖掘、研究与试烹成功 61 种具有南宋风味的菜肴，既有宫廷菜，又有民间菜，既有荤菜，又有素菜，既有冷盘，又有热炒……品种多样，风味独具。开办只有一年多一点的时间，就分别接待了 30 多个国家和地区的来宾，很快名扬四方，使南宋风味菜肴在国际上也赢得了一定的声誉。而国内慕名前来开开“古荤”的人就更多了。

著名书法泰斗沙孟海先生年近九十岁时，因旧病复发，茶饭不香。沙老亲属想方设法在菜肴上变换花样，沙老仍感百菜一味。一天，我与厨师登门拜访沙老，特意上门做了两道南宋菜，一道叫江瑶清羹，一道叫瓜齑，均为南宋宫廷菜。

当两只用仿南宋官窑餐具盛装的南宋菜端上桌时，沙老夫妇笑逐颜开。沙夫人风趣地说：“我们似乎也做起了宋代人。”沙老信手舀起一瓢咽下，连声称赞：“味美佳肴，别有风味。”

谈到八卦楼菜馆，自然联想到玉皇山下的八卦田。沙老放下碗瓢，对我说：八卦田乃南宋时代产生而闻名，那时南宋宫廷都设在那里。宫廷雄宏，结构讲究，但可惜的是经历代动乱，万物俱废。如今，你们八卦楼菜馆南宋风味厅设在那里，地理位置正可谓得天独厚。

历史典故撩动了沙老的激情，他兴致越来越高地说：南宋时期商业十分发达，酒店、饭店处处可见，证明那时我们对烹饪技术就很有讲究，可惜这些烹饪技术资料许多已失传。如果原浙江省图书馆馆长张宗祥还健在该多好，他对历代烹饪史很有研究，如让他给你们具体讲讲南宋的饮食，将是一种享受。

说话间，沙老的兴致依然不减。经我一提醒，他又开始喝起江瑶清羹，连喝两口，不觉脱口称赞道：此种菜确是目前杭城未有，很适应老年病人所饮，有特色。

八卦楼南宋名菜的研究与开发，得到了国内外同行的认可。《人民日报》

江瑶清羹

（海外版）等媒体均刊发了相关的报道。1992 年 9 月，首届世界中国烹饪联合会在北京人民大会堂隆重举行成立大会。大会盛邀八卦楼的南宋菜赴北京民族饭店表演交流，国内外众多知名学者受邀参加。国学大师王利器先生感慨之余，将他撰写的《八卦楼铭并序》一文原稿赠予我，以示勉励。

八卦楼铭并序

粤惟伏羲氏作，乃画八卦，而《易》以兴。其在《鼎》卦曰："鼎，元吉，亨。"《彖》曰："鼎，象也，以木巽火。亨，饪也。""亨饪"即"烹饪"，斯则揭开人类饮食史之第一页也。爰至天水建国，有传《先天易》者曰陈抟，卜宋之都，一汴二杭。逮至泥马渡江，定鼎临安，于是东京风味，随以南来，若湖上鱼羹宋五嫂、羊肉李七儿、奶房王家、血肚羹宋小已之类（见《枫窗小牍》），尤其著焉者也。

今兹杭州徐海荣君，于南宋籍田旧址曰八卦田者，经营是楼，即以"八卦"为名；乃心重振《梦粱录》及《武林旧事》所载风味宋菜，以飨世人，此不仅于烹饪之道，得其本始，抑且将以昭示中国烹饪遗产，灿然为世界文化之重要组成部分，"八卦"之时义大矣哉！爰为之序，且系以铭。

铭曰：

伏羲氏作，八卦式兴。

《鼎》《革》之变，烹饪乃成。

水火既济，爰有文明。

食在中国，永保兹铭。

1987 年 10 月，八卦楼菜馆新馆在原址旁征地后建设落成。建筑风格古朴，且气势恢宏。各路政要、名人、商贾纷纷光顾，八卦楼如日中天，其品牌与百年老店楼外楼、天外天并驾齐名。一度成为杭城的一张金名片。

虾圆子

鳖蒸羊

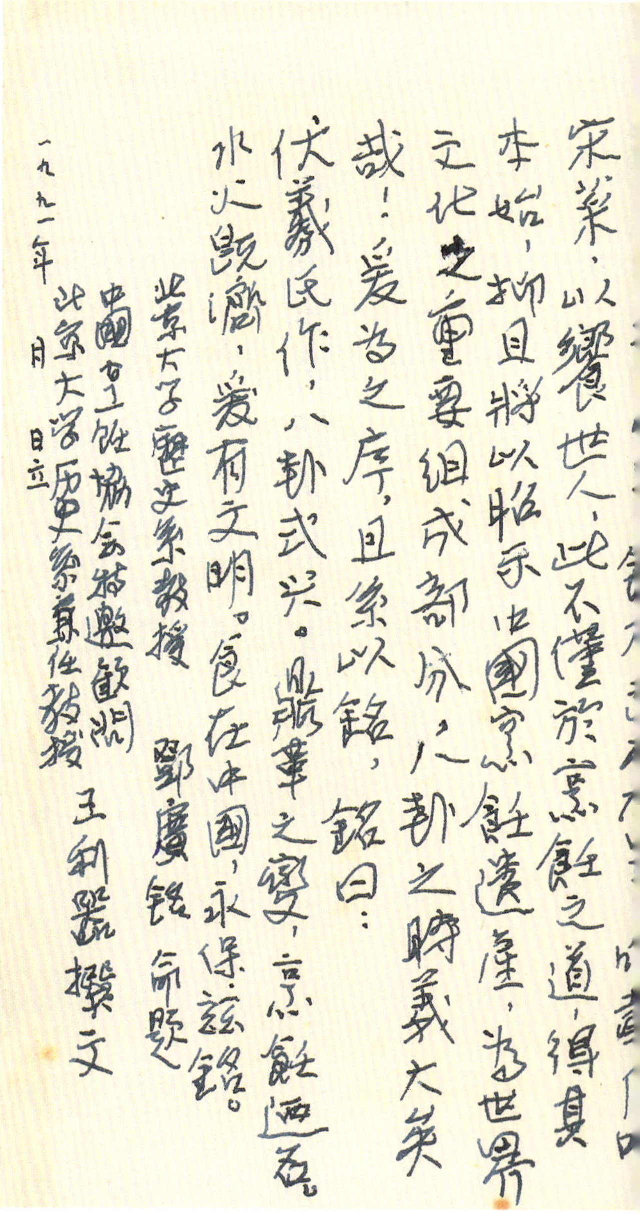
宋菜，以饗世人，此不僅於烹飪之道，得其本始，抑且將以昭示中國烹飪遺產，為世界文化之重要組成部分之八卦之時義大矣哉！！爰為之序，且系以銘，銘曰：

伏羲氏作，八卦式興。[illegible]華之變，烹飪迺[illegible]。水火既濟，爰有文明。食在中國，永保茲銘。

北京大學歷史系教授　鄧廣銘命題

中國烹飪協會特邀顧問
北京大學歷史系兼任教授　王利器撰文

一九九一年　月　日立

国学大师王利器手书的《八卦楼铭并序》

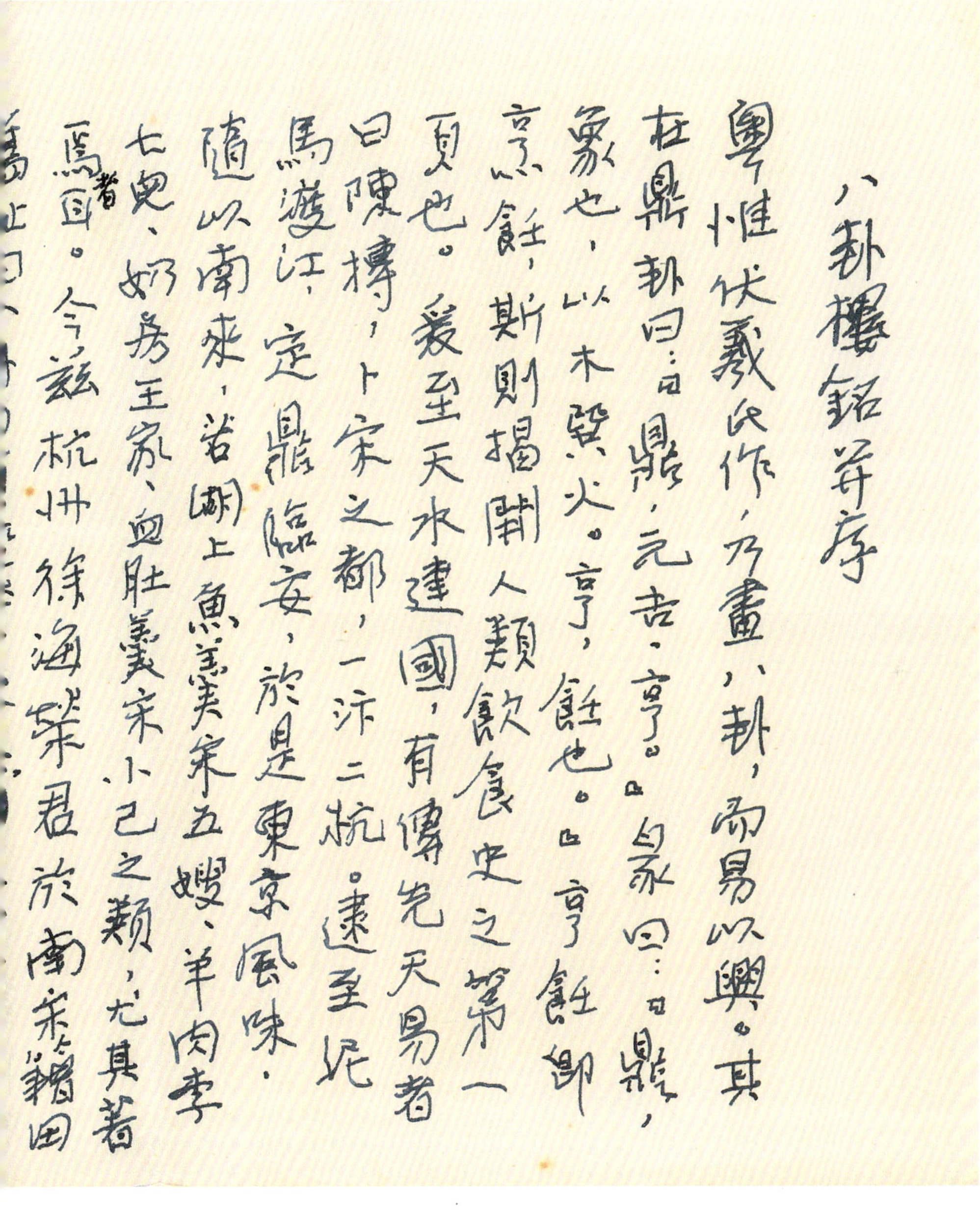

八卦樓銘并序

粵惟伏羲氏作，乃畫八卦，而易以興。其在鼎卦曰：「鼎，元吉，亨。」彖曰：「鼎，象也，以木巽火，亨飪也。」亨飪即烹飪，斯則揭開人類飲食史之第一頁也。爰至天水建國，有傳先天易者曰陳摶，卜宋之都，一汴二杭。逮至泥馬渡江，定鼎臨安，於是東京風味，隨以南來，若湖上魚羹宋五嫂、羊肉李七兒、奶房王家、血肚羹宋小己之類，尤其著焉者也。今茲杭州徐海榮君於南宋籍田

自行设计建造的新八卦楼落成

与时任浙江省省长沈祖伦（右三），香港知名人士查济民夫妇（左一、左三）及著名金石家赖少其先生（右一），在南宋风味厅留影

书法泰斗、浙江博物馆名誉馆长沙孟海先生（右二），率子沙更世（左二，中央美院知名画家），与我及好友郑鸣庆先生在新建的八卦楼留影

著名营养学家于若木（中）光临八卦楼，邀我与厨师长张登土（右一）留影

中国书协主席、北师大教授启功先生亲临八卦楼题字。当时还年轻的我（左一）在一旁观摩

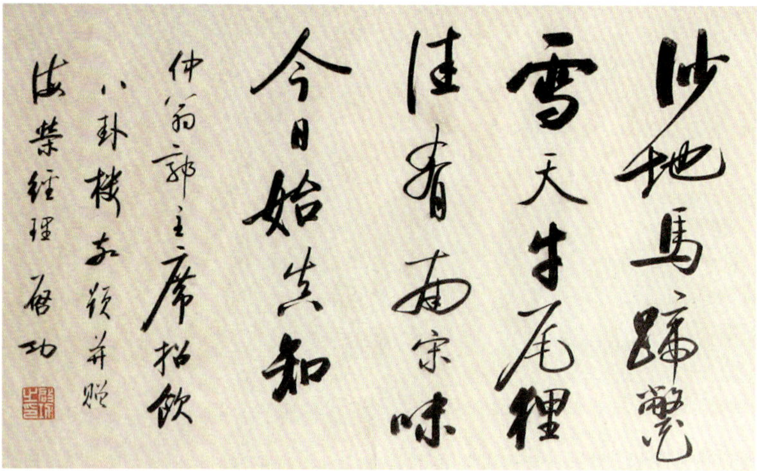

启功先生的题字

三　第一部《中国饮食史》的诞生

有人曾问我：你对烹饪有无兴趣？说来见笑，除了吃饭图个饱，还会有什么想法？可是，当我进入了这一行后，感到这里涉及的相关学问可大着呢！

饮食，是中国文化的根基。自文明初始，就打上了思想与文化的烙印。它是人类生活经验中极其重要的部分。而这种生活经验又集中体现了人类早期的文化观念、哲学思维、科学实践的内涵之中。中国是世界四大文明古国之一，曾以高度发达与繁荣的物质和精神文明，对人类发展的历史进程产生过举世瞩目的影响。其中，种类繁多、制作精美、工艺技术独特的烹饪与由此派生出来的中国饮食文化，不但历史悠久，内容宏富，是历朝社会发展进步的标志之一，而且对丰富和完善世界饮食文化宝库做出过重要贡献。

知名学者、南京博物院原院长梁白泉先生曾说：“中国饮食在世界饮食中占有何种地位，我个人只看到一些散乱、零星的记载或报道。”《马可·波罗游记》《利玛窦札记》所引马丁·德·拉达《记大明的中国事情》中都有一些。著名的美国公理会传教士明恩溥（Arthur H.Smith, 1845–1942）著有《中国人的素质》一书，书中说：“在对他们所拥有的东西进行烹调和服务方面，中国人对主食的选择显然是明智的。高超的烹调、简单的作料、丰富的花色品种，即使对中国烹调最不注意的人，也全然知晓。”“中国烹调技艺真是高超。”著名史学家萧一山在他的名著《清代史》（原名《清史大纲》）中，也作过类似的评价。他说：“惟吾国烹调之术极精，食品的种类亦广，非欧美人所能及。配合离奇，千变万化，一肴登筵，别具风味。其见之于菜单者，有八百余种，欧美尚不及半。富人又以此为讲究，所以能在世界上占第一位。”

但是很遗憾，近现代专论中国烹饪的著述很少。我们花了7年时间在八卦楼的阁楼里，先后编纂完成了国内首部《中国饮食大辞典》和《中国美食大典》这两部饮食工具书，由浙江大学出版社出版。1992年5月22日，中国东方文化发展中心主办的《中国美食大典》出版新闻发布会在北京人民大会堂举行。时任全国政协副主席程思远，中国著名营养学家于若木，中国著名科学家牛满江，及来自美国、日本、新加坡的专家、学者欢聚一堂，庆祝首部《中国美食大典》的面世。国新办相关领导也出席了会议并讲话。此时，八卦楼又声名鹊起。事后，我即又寻思：如能再编写一套既深入，又全方位、多层次把中国饮食史研究提升到系统理论高度的《中国饮食史》该多好。于是，一种强烈的社会责任感、意识感油然而生，立志一定要在我手中再编写完成一部《中国饮食史》。计划一出，遭到了一些权威者的嘲笑。有人说，吃饭还有什么历史可写，要写别人早就写完了，还轮到你？又有人说，写历史是史学家的事，你徐海荣只会搞经营、编菜谱，写历史能行吗？狗拿耗子，瞎掰！真是瞎掰吗？我无路可退，只能让自己到深水中去翻腾吧，抖落着龌龊，去追索那漫长而无边的历史。我像一只被人讥笑和蔑视的“丑小鸭”，累得快趴下了，舌苔粗厚粗厚的，什么味儿到嘴里都一股苦涩了……

程思远先生（中），著名华裔新加坡酒楼餐饮业工会主席周颖南（右一），在北京人民大会堂出席《中国美食大典》新闻发布会，受邀一起留影

主持新闻发布会并讲话

国学大师王利器先生出席发布会并作主旨发言

于若木同志饶有兴趣地欣赏《中国美食大典》一书的封面设计

与于若木、牛满江、周颖南亲切交谈

接受新华社记者的采访

1995年的夏天，一个偶然的机会，有幸结识了在浙江省社科院《浙江学刊》任职的徐吉军先生。徐君青年才俊，办事靠谱，我们一起肩负起了编纂《中国饮食史》的历史重任。我们经常往返于杭州与北京之间，拜访了中国科学院食品研究所最著名的中国食品专家，投向我们的是一种怀疑与鄙视的目光。突然，我领悟到，当一个民族还没有把自己的吃作为一种文化来看待、来研究，而把它政治化、资本主义化，或作为“封资修”来看待，就不可能有相关学术的繁荣。“二十四史”是一部帝王将相史，与老百姓日常生活相关的事，在这些史书中是得不到展现的，难怪有着五千年文明史的泱泱大国，却没有自己的一部《中国饮食史》出现。民以食为天。我并没有因此退缩，而是更坚定了我成事的决心。采取西方不亮东方亮的方式，不拘一格地另辟蹊径，走访了中国社会科学院、北京师范大学、中国民族大学、华中师范大学等知名科研院校，及全国古籍出版规划领导小组。我们拿着写就的编写大纲，多次拜会李学勤、方克立、傅璇琮、陈高华、杜永坤、徐苹芳等学术大家，恳请把关。又邀史金波、宋德金、宋镇豪、林永匡、白翠琴等20余位卓有成就的国内一流的知名学者，共同合作，花了近4年时间，终于完成了6大卷，350万字的《中国饮食史》的编纂，于1999年10月首次在华夏出版社出版。

与中国社科院学部委员李学勤先生留影

与中国社科院学部委员方克立先生留影

这是中国第一部集国内众多知名专家学者智慧而成的、原创性的全面系统地论述中国饮食文化的大型通史类学术巨作。出版后社会反响热烈，被学术界誉为“把中国饮食史研究提升到了系统理论的高度与水平；是烹饪王国的里程碑之作”。此书出版至今，虽已整整度过了16个年头，但在此领域的研究上还是在不间断地引领着潮流。任何一门学科，如果要求它成为一门科学的话，所追求的最具有根本性的应该就是这些学术的结果。

《中国饮食史》跨越了数千年的中国历史，将研究的目光从远古先民的饮食方式一直延续至20世纪中叶。通过揭示历史变迁中的内在联系，力图展示传统中国饮食文化的本质内容，将社会历史的各个时期、各个方面与饮食文化结合起来进行考察研究，将一个具有多层次结构并富有强劲生命力量，包含了物质与精神两大层次的中国饮食历史的动态过程，表现得淋漓尽致。不难发现它具有以下三大特点。

一是独具匠心，构建了全新的研究及论述之理论体系。作者在创立该书的研究体系构架时，采用了“纵”（历史发展阶段或王朝断代时序）、“横”（每一时段中的文化专题）结合的方式，将原始社会、奴隶社会、封建社会及近现代社会中不同朝代、不同历史时期的饮食历史切成段，再将每一时段中的饮食文化串起来，以保证其系统性与整体感。

二是广征博引，注重考古学、民族学、民俗学资料的运用。作为一部大型的饮食史著作，仅靠一些现存历史资料是不够的。本书作者对大量零散史料进行了细密研究和剖析，又苦心钩沉考古学、民族学、民俗学等方方面面的资料，利用考古发掘实物，辨明真伪，合理运用，从而弥补了历史文献资料不足的缺陷，将中国饮食的历史风貌生动、立体地展现在读者面前，使人感到全书论之有理，落墨有据。

三是筚路蓝缕，填补了对少数民族饮食文化研究的空白。中国自古以来就是一个由多民族组成的国家。然而，在以往诸多的历史著作中，人们大多重视对汉民族历史和文化的研究，而对少数民族的历史和文化或一笔带过，或语焉不详。本书对此不但不回避，而且知难而上，对少数民族饮食进行了较为系统的研究，并用全书近六分之一的篇幅予以展示。使读者进一步了解历史上汉民族与少数民族饮食文化相互渗透、相互影响的紧密关系，同时也使本书成为一部真正的、名副其实的中国饮食文化史专著。

《中国饮食史》是一部不可多得的、具有较高学术价值和现实意义的学术专著。遗憾之处在所难免。然而这并不影响它在中国饮食史研究，乃至中国社会史、中国文化史研究中的学术地位和价值。此书先后被美国哈佛、斯坦福、伯克利及英国剑桥、牛津等世界名牌大学图书馆收藏。《中国饮食史》成为中国饮食文化走向世界学府屋脊的一个里程碑标志。2015 年 4 月，我去英国伦敦参加了国际书展。展会上遇见了剑桥大学的汉学家 Charles Aylmer 先生，他说：“《中国饮食史》是一部世界研究中国饮食历史、文化的最权威的著述。”

英国剑桥大学汉学家、图书馆中文部主任艾超世教授在英国的国际书市上与我畅谈《中国饮食史》的社会价值与收藏价值

与中国社科院学部委员陈高华先生留影

与中国社科院学部委员史金波先生留影

四 东京之约

2001年11月11日，我应台湾财团法人中国饮食文化基金会翁肇喜主席的邀请，乘坐中国国际航空公司929航班从上海虹桥国际机场起飞，抵达一衣带水的邻邦日本国成田机场，赶赴东京国际会议中心，出席了第七届中国饮食文化学术研讨会，十分荣幸。这时节，按中国历法正是金秋十月。中日两国的自然景色，恰如唐代著名诗人杜牧名句描绘的那样："停车坐爱枫林晚，霜叶红于二月花。"说实在的，此时我在杭州正操办着《南宋皇朝》大型历史文学剧本出版以后的投资拍摄问题，家母年高七十有七，因心脑血管系统疾病突发而入住杭州市中医院重症监护病房打吊滴，极需我尽人子之责，实乏分身之术。头天晚上我辗转反侧，思量再三，终于决定将家里事托付给家兄照管，我个人还是如约赴会，以不负翁主席之期望。五天会期，我感到非常成功。它对于弘扬中国的饮食文化，促进世界饮食业同仁们的友谊，推波助澜，作用非小。我在 11 月 13 日上午会上发表《中国饮食文化在世界上的深远影响》之论文引起共鸣，深以为欣慰。我能在这个国际学术讲台上陈述见解，畅所欲言，受益匪浅。

东京第七届中国饮食文化学术研讨会主席台

听取不同国家学者的学术报告

我与翁先生第一次见面也是一个金秋。那是 1999 年 10 月 25 日，在我的邻省福建省福州市西湖宾馆举行的第六届中国饮食文化学术研讨会上。我的印象中，翁先生颇为平易近人。他那位身披彩色披肩的夫人与温文尔雅、一表学者风范、身着西装领带的翁先生，始终形影不离。可想翁先生的事业，是得到了贤内助的鼎力支持的。二人同心，其利断金，斯可信也！当时我就想，这位台湾知名商人既然对中国饮食文化产生研究兴趣，真是我三生有幸，无意中碰到了一位知音。因为我也经过商，开过八卦楼南宋名菜馆，编撰过《中国杭州八卦楼仿宋菜》《中国浙菜》《中国饮食大辞典》《中国茶事大典》《中国美食大典》《中国酒事大典》《中国饮食史》（6 卷本）等拙作，深感学术的研究必须交流，而交流的范围越广，层次越高，学术才有深度。闭门造车、夜郎自大是幼稚可笑的，也是根本不行的。翁先生开创了每两年一届的国际性中国饮食文化研究的例会，使我进一步开拓了眼界，增加了见闻。我为我奉献了青春的这项事业，由此而感到分外的自豪。

此次东京聚会，在日光市江户村参观后上车时，偶见基金会的员工和翁董事长夫人手上都抱着布制的吉祥物，听说是翁董事长在游览结束时随手购买赠予每个人的。此细节又一次说明，翁先生是非常重视人的和谐关系的。说到底，饮食文化无非是讲两个和谐。一个是讲人与人的和谐，一个是讲人与自然界的和谐。关于人与自然的和谐，此次研讨会上有代表提出关于食物来源与珍稀动物的保护的关系，人体健康与地球健康的关系，营养平衡与生态平衡的关系，都是21世纪人类共同面临的课题。有的外国人说，我们中国人吃东西是肆意杀生，不论是天上飞的、地上跑的、水中游的，见了就杀，杀了就吃，非常残忍。这是一种偏见。要说杀生，世界上有哪个民族完全不杀生，完全不以动物为食物？但是有三点恐怕被世人所忽略了：其一，中国的佛教徒从来是不杀生，以素食为食物的；其二，中国的老百姓是以素食为主，他们所食肉食，即肉类、禽蛋无非是家禽、家畜，而人类饲养家禽、家畜的目的之一就是为自己提供食物资源，这是天公地道，完全无可非议的；其三，捕杀珍禽异兽，过去仅仅是少数有钱人所为，而现在不论是谁都不可捕杀，因为这些珍禽异兽受到了法律保护。这标志着人类文明程度的一种提高。至于人与人的和谐，中国的饮食文化内涵是相当丰富的。每逢佳节，中国人很讲究一桌团圆饭，就是明证。

令人欣喜的是，这几届中国饮食文化研讨会吸收了诸多欧美人士参加。欧美饮食文化与东亚饮食文化，是两个迥然不同的体系。东西饮食文化的差别，形象地说，也就是筷子文化与刀叉文化的差别。作为东方饮食文化最杰出的代表——中国饮食文化，不仅应该在东方各民族中继续作深入细致的研究，而且应该加大向欧美宣传、推行的力度。比方说，下届中国饮食文化研讨会，假如能在美洲或欧洲的某个国家协办，必定会别开生面。

与日本知名学者石毛直道教授留影

在我写这篇短文的时候，回想参观日本日光瀑布的美景，使我又想起了唐代另一位大诗人李白“飞流直下三千尺，疑是银河落九天”的名句。这磅礴的气势在我心中难以忘怀。鬼怒川温泉乡的温泉，带给我浑身的舒适与畅快，我曾联想到我们中国古都西安骊山的华清池。世界上的美景有相似之处，世界上的美味也有相通之点。差异是由各民族的历史、文化、习惯所形成的，差异也是民族存在的理由，差异更是不同民族、不同国家、不同地区进行学术交流的依据。交流既是为了沟通融合，也是为了保留和发扬个性。因此，中国饮食文化越是中国的，就越是世界的。

与新加坡周颖南先生享用鬼怒川温泉乡的温泉后留影

第三章

我也当上了“官”

2002年5月8日，上级一纸调令，把我从杭州市社会科学院亚太文化研究中心主任的岗位上借调到了杭州出版社，任总编辑、法定代表人一职。作为党和政府把关舆论的一个重要阵地，我一个无党籍人士（后于2004年10月加入民建），居然受到了执政党的重用，当上了第一把手，在全国所有的出版社中是没有听说过的。有人发难：难道杭州出版社已经没有了共产党的领导？其实不然！我不是共产党员，但我在思想上早就入党了；虽然我成了一名民主党派人士，但我的心始终和党在一起，早就融入到中国社会建设和文化建设之中，融入到这个国家、这个社会的历史命脉中去了。

作任职发言

为了做大做强杭州出版社的出版产业，2009 年 9 月，杭州出版社又深化了体制的改革，以杭州出版社为主体及属下的杭州新闻发展中心、英语画刊社、汽车世界杂志社等 10 余家单位，成立了杭州出版集团。下设集团办公室、图书出版中心、期刊出版中心、数字化出版中心、产业发展中心“一办四中心”，构建了杭州出版集团公司的发展雏形。由中共杭州市委提名，杭州市人民政府下文，任命我担任了杭州出版集团的董事长、总经理之职。作为市管领导干部，也算是一个“官”了。有人很快跑过来问：“凭什么你会有这么好的官运呢？”我只能告诉他：“人的成功，没有轨迹，只有奇迹。”这个奇迹就是努力加运气。别忘了，还有一个更重要的因素就是：一个人能否成功，关键要看他与谁在一起。

其实，很多人并不真正了解什么是官。《说文》云：“官，吏，事君也。”意思是说：官，即官吏，是服务于君王的人。官员又是怎样地产生出来的呢？有人给予了有趣的分类。第一类叫作运气官。这类人本事不大，而官运亨通。由于人事变动和角色安排的需要，往往他们的学历、年龄、性别、职业、党派成了选拔他们的重要因素。第二类叫作行贿官。这类人的本事不算小，在官场上可谓是如鱼得水。但为了求得更高的官位，采取以钱铺途的方式来加快实现自己更大的前途。第三类是背景官。这类人出身好，就是人们常说的“官二代”、“官三代”。

提拔后，别看他们表面是那么地光鲜夺目，其实最起作用的还是后台的操控之人，他们实际上是一张画皮。第四类叫作站队官。这类人很会察言观色，投机取巧，不讲原则、不分是非，谁有权力就向谁靠，甚至赔上血本，以求仕途。第五类叫作水平官。这类人能力极强，凭本事吃饭，性格阳光，刚正不阿，政绩出众，影响可嘉。但这类人又往往功高盖世，而不得宠。其实，官场世界丰富多彩，千奇百怪，并非以上五类能完全归纳的。作为我来讲，只是一个“似官非官，似民非民，亦官亦民”的每天在爬格子的人。

杭州出版社是一家文化经营单位，企业的性质，更具有社会的属性。作为掌门人，首先要处理好政治与经济的关系，要懂得一个干部与一个企业家的区别。更要研究企业家与干部之间更深层次的一些理论问题。问题一：为什么说企业家是独立思考，干部是长官意识？因为随波逐流的企业家成功的概率很小，决定了企业家要有独立思考的创新能力。而当干部的你只要听话，就能坐稳你的位子，是屁股决定了他的脑袋。换言之叫作推小车、扭屁股，身不由己。问题二：为什么说企业家不怕犯错，干部是不能犯错？因为企业家一定会犯错，他们是在犯错中成长，吃一堑长一智，只要能赚到钱，错不错无所谓。但当干部的就不一样了，一旦你有错，就会掉乌纱帽，换言之就错失了前程。问题三：为什么说企业家要做正确的事，干部要正确做事？因为企业家输不起，讲究的是结果。而干部讲究的是过程，只要过程不错，关我屁事，可以稳坐钓鱼台。

这是两种截然不同的价值观与思想观。网上爆料说，某市有一教授当上了市长。当一记者询问该市长："当教授与当市长有何不同感受？"市长说："当教授要思路清晰、逻辑缜密，而当干部的脑袋无须太清楚，只要学会说让我考虑考虑，研究研究即可。"虽是戏言，却点中了一些庸官的要害。

所以，我们现有的社会机制、体制，用人是要分三六九等的，要因才施用。当行政干部的不需要聪明过头，太有个性，切忌有别出心裁的独立人格，必须要听话。而启用企业干部，这个干部一般地说比行政干部要聪明些。因为他们要靠自己来赚钱吃饭，没有国家的财政来供养。如果一个人既能懂政治，又能管经营，这才称得上是真正的人才，我们管他叫"两栖动物"。这种动物越多，我们的国家就越有希望，我们的民族就会越兴旺。

该书出版于20世纪80年代，生动地记录了改革开放初期具有代表性的杭州青年企业家的成长轨迹

俗话说，要跟聪明人聊天，要与靠谱人共事，这是我一贯的工作作风。我不能忘记一直影响

着我的三位人物。一位是我的良师益友魏皓奔先生。他与我同年出生，但他学富五车，一直是我心目中最尊敬的人。记得第一次相见时，他是陪原浙江省委书记铁瑛同志来八卦楼的。后又作为《改革中的杭州青年企业家》一书的主编来访问我。《改革中的杭州青年企业家》一书，由浙江人民出版社出版。书中集中介绍了杭州改革开放初期涌现的30位著名青年企业家。时任浙江省委书记薛驹、杭州市市长钟伯熙专门为该书题词。一晃，三十二年就这么过去了。他豪迈而深情，智慧又有趣；为人低调，又肯为别人着想，故又有宽厚悯人的人间情怀。熟

魏皓奔先生

悉他的人，无不感叹他是一位难得的、多棱镜式的奇才官员。这不仅因为他有丰富的官员经历：30 岁刚出头就当了省政协委员，当过杭州市社科院党组书记，市社科联主席，浙江省社科联副主席，杭州市新闻出版局局长，西泠印社党委书记，市文创办主任，市委宣传部常务副部长、巡视员等职；而且同时还具有浓厚的学者和专家色彩：具有研究员职称和律师资格，不仅著述颇丰，而且还长期担任兼职律师、仲裁员、公职律师，经手大小案件无数。因此，平时大到起草重要文稿、政策规划、组织协调，小到具体事件和案件的处理，他思路清晰，游刃有余。但凡他主持工作过的单位或分管的工作，都被搞得风生水起。我一路走来，不时地会见到他的身影。关键时刻，他总会伸出援手，给予呵护或帮助。说句良心话，没有他，就不会有我今天的进步。

另一位是我在本行业内认识的一位领导。出版作为一种意识形态的特殊行业，我们这些当社长、总编的都要受制于他。此人很霸气，一言九鼎，一看就是个惹不起的人物。他两手反背，驼着腰，戴上墨镜，哼哼哈哈，煞有介事。他性格明显，喜怒无常，说变就变。口吐的烟圈，层层叠叠，满屋缭绕，直上云天。他使我见识了官场的百态，虽不敢恭维，但又使我明白，干我们这一行的，是以不出事为第一，而不是干好事为第一。这种官员正是适合在这种环境下生存的，所以其色彩往往太单一。他没有办法解决欲望与恐惧的矛盾。我们称他为单色官员。这单色官员，眼光与常人不一样，价值观也不一样，没有与时俱进。他为了保持内心的平衡，脑袋老是出问题。他红中有黑，黑中有红，一般人难以适从，即便有人，准是个奴才所为。

还有一位是我的学长伯根仁兄。他年近七十，还在出版社发挥余热。我问他：为什么你还有这么好的工作状态？他说：“吃得饱、睡得着，听不见、不烦恼。”虽是古稀之年，工作激情仍不减当年。在家他也是个好丈夫，该做的或不该做的，统统都做。为了在屋顶上种菜，每天拎着两袋泥土，从一楼搬至七楼的屋顶，一搬就是半年，泥土重量达七吨之多。这完全是他一个人的劳作。一天，他在工会组织的文体活动中问我：如何规划他70岁后的人生？我建议他采用十二字方针：“继续工作，勤耕农作，哄好老婆。”话音刚落，他便开怀大笑，笑得是那么地灿烂。可以看出他的生活过得真是丰富多彩，有滋有味。他欲望不大，恐惧较小，有颜色，却也平淡。

伯根仁兄近照

前面提及的七彩官员，何谓七彩呢？七彩就是赤、橙、黄、绿、青、蓝、紫七种颜色。赤就是红，红色代表热情、奔放，敢作敢为，且有梦想；橙色代表轻快、香甜，是人活跃的催化剂，给神经和血液以力量；黄色代表高贵、富有，守信自赋，坚韧不拔；绿色代表生命、生机，富有情调，和谐相处；青色代表纯洁、光明，稳重不显老成，沉静而不过分严肃；蓝色代表天空、智慧，洁净清爽，有序创造；紫色代表神秘、浪漫，渴望知识，成就梦想。

七彩官员，为何往往能干事，干成事，好共事？其最大的特点就是色彩丰富，且会懂得换位思考。他们不失为一个政治家，又是思想家；既能调节自我，又能满足欲望。而单色官员就不一样了，他们往往是一根筋，唯我独尊，没有调和的余地，容易走极端。这些单色官员在他掌管的部门，打天下或许有本事，坐天下就不那么容易了，当下只是解决了坐稳江山底线的恐惧，不能解决百姓为人的欲望。这些人官不大，但内心却有很深的封建帝王情结，因而往往搞愚民政策。殊不知，这在当今的世界是绝对难以维系的。

除了以上七彩之外，我想还应该要有一个白色。因为在这个世界上它是存在的，为公正、端庄的象征。可以将光谱中红色、蓝色和绿色的三原色光混合得到白光，寓意纯洁。我想这原本应该是人的本性使然。

云南省委副书记丹增同志来杭州出版社看望，与我亲切交谈

与丹增书记留影

一　结下出版之情缘

我初次接触出版业，始于 80 年代中期。当时还在八卦楼任职，撰写了《中国杭州八卦楼仿宋菜》《中国宋代菜典概述》《中国浙菜》等与饮食文化研究相关的书籍。稿子写完了，需要出版，怎么办？听说杭州日报原社长冯法德先生调任中国食品出版社当了总编。于是我就匆匆跑了北京，见了冯总，得到了他的鼓励与支持，书很快得以出版。之后我要想编写的书也越来越多，部头也越来越大了，为方便出版的整个流程，又在杭州当地找了一家浙江大学出版社合作，先后出版了《中国饮食大辞典》《中国美食大典》等大型工具类书籍。《中国美食大典》一书的新闻发布会，还是在北京人民大会堂开的。出版后社会反响热烈，给予了我很大的鼓励。

有人对教师这个职业评价很高，说老师是人类灵魂的工程师。那么从事出版业的编辑又算什么呢？我认为用现代的一句话来讲，应该叫作高、大、尚。所谓高，就是高深，换言之就是有学问；大，就是无所不包，文化就像汇集的大海，无际无边；尚，就是追求，在真善美价值观上的一种体现。我仰慕出版这一职业，此时就与出版结下了不解之缘。

香港中文大学校董卢文韵来杭州访问与我留影

1993 年 1 月，我离开了苦心经营 10 年之久的八卦楼，进入了北京的一家名叫华夏出版社的单位工作，任该社驻浙江的办事处主任。华夏出版社是一家中央级的全国知名出版社，由中残联主办、主管，秉承为全国残疾人事业服务的宗旨，出版了不少在全国打响了品牌的图书。我如鱼得水，在这个平台上又干起了一番事业。很快地从饮食文化的研究出版，跨入了中小学教育的研究出版，编写了《唐诗三百首》《中学生文言文释注》《中国蒙学图说》《三字经》《百家姓》《千家文》《弟子规》《女儿经》等数十种适合青少年教育的课外读物。一时，市场风靡。上海城隍庙的书摊摊主，用旅行包装着现金来购书是常有的事。

《全国 13 所重点中学高考模拟 AB 卷》和《全国 13 所重点中学中考模拟 AB 卷》是我与一位名牌中学的特级教师共同组织完成的。我相信，90 年代后凡参加过高考或中考的考生们，或多或少会在各省市的大小新华书店的书架上看到过此书。参加此书编写的均是全国各重点中学知名的特级教师，代表了一个国家的教学水平。在这个高考恢复不久的 90 年代，上大学是所有考生的梦想，考生想考个好成绩，都会去争相购买，这些模拟考题资料，有的被市场抢疯而脱销。南京是江苏的省会城市，坐落在南京市的江苏省新华书店，一个月内进货达十余卡车。

华夏出版社的浙江办事处，设在中共杭州市委党校的校园内，租用了6号楼的两个房间。办公地方不大，仅有两三号人，而业务开展得非常不错。华夏出版社的名声因此在浙江显得响当当。但事物总是一分为二的，名声大了，随之带来的麻烦也逐渐多了起来。一个外地的出版社，在浙江占阵地、抢市场怎么得了，你就等着挨枪吧！于是各个部门便开始忙碌起来，纷纷上门找起了碴儿，不是用这个条例，就是用那个规章，或干脆开了罚单，或又把书强行拉走，搞得沸沸扬扬。此刻，我只能以静制动，老老实实待在家里，同时找救兵救护。其间，我又打上空的奔波在杭州与北京之间，带着“尚方宝剑”，来协调当地出现的一些麻烦。

20世纪90年代浙江民营书业的发展是最为活跃、最为繁荣的一个时期，随着中国改革的大潮，可谓随波逐流。出版业是国家一直严控的一种行业，但是在那个年代，许多在京的所谓中央级的出版社，如中国国际广播出版社、高等教育出版社、团结出版社等也均冲破了一些禁忌，纷纷打起了擦边球，在浙江设立了相应的办事或经营机构，外省的地方出版社也不甘落后，如大连出版社、内蒙古出版社等都均在浙江搞得风生水起、欣欣向荣。这些中央或地方的出版社为何能在浙江经营得如鱼得水，他们主要是依托了浙江民营书业的携手与合作。其合作方式是，由民营书业出选题，在当地负责编排、校对，寄送出版社终审、核发书号，在当地印制出版，然后由民营书业的书商直接面向市场销售，获得的利润与出版社分享。书商与出版社之间共同建立了一个由选题策划、制作、销售的这么一个产业链的利益共同体。他们的产品多数为针对中小学生的学习教辅用书，如各种单元测试卷、中考高考模拟卷等，点面一直铺到了只要有学校的各个角落。据不完全统计，当时浙江的民营书业有近千家，他们主要分布在杭州、温州、金华、台州、义乌、嘉兴等地，仅杭州经营店就有大小近300家。

民营书业的发展，某种意义上说推动了出版产业的发展，也增加了当地经济的一些繁荣，在这根经济链上有不少教师和学校突然暴富，编写、推销买卖教辅的积极性空前高涨，许多学校、许多教学机构（教研室）几乎都有自己的合作伙伴，他们赚钱来得快，因为每年都有固定而又庞大的这个学生群体，他们的钱越赚越多，但学生们的书包也变得越来越重。

国营书业最根本的代表是新华书店，他们不会在这历史的变幻中自甘寂寞，也要在这经济的大潮中崭露头角。你书商不经过我直接把书卖到学校，我就要到出版管理部门告你与出版社买卖书号、非法经营，要严厉地进行查处，有哪个民营书商敢不屈服？在这种体制下，民营书商只能委曲求全，把他们策划、印制的图书拱手相让给新华书店来统一发行，新华书店就可以从中抽头。于是又形成了书商、出版社、学校、新华书店四位一体的一个新的利益体。

省新华书店的改革是最强势的，在全国是出了名的。他们不会满足一点蝇头小利，利用国家的政策、资源以及业务上管理的权势，采取集权的方式，称霸和垄断了全省的图书销售。于90年代末出台了统购统销的政策，全面取消了各地市所有新华书店的自主进货权，由省店统一进货、结算，各地市的新华书店只成了一个省新华书店的二级或三级的卖场而已。但省店还未就此罢手，后来他们又相继出台零库存规定，就是说所有出版社上他们书架的图书，只要卖不掉一律要实行包退，并且还要出版社支付仓储费。好家伙，这个改革真是改到了家，他们只赚不赔。其后，外省的省店纷纷效仿，还作为改革的经验进行介绍。人们搞不清楚这是进步还是倒退，不知道是祸还是福。

自此，由于国有省店在书业上垄断集权经营，加上出版行政部门的配合管理，不断加大处罚力度，导致大量民营书业溃不成军。仅杭州图书城统计，原有近300家的销售门店，至今已消失了70%，剩下的店铺也奄奄一息。

由于互联网的发展，近年来书业的销售业态已逐步发生改变，从传统门店的经营进入到了网上点击销售。强势的省店也面临着一场互联网+的时代革命。

当年，华夏出版社在浙江设立的办事处，是一个与出版有直接关系的部门，在图书的选题策划、选编、出版、经营上，我得到了很好的学习与磨炼，出版了一大批优秀书籍。那几年可称得上我的书商生涯，我渐渐地精于此道，成为行家，也获得了一点财富。但鉴于出版行业管理的特殊性，华夏出版社浙江办事处只是个为扩大该社经营而设立的一个临时机构，未列入国家人事管理序列。且在异地不断拓展，会抢了当地同行的饭碗，为避免矛盾，求个安耽，无奈之下，就忍痛关闭了办事处。1996 年 2 月，经人举荐，我进入了杭州市社会科学培训交流中心工作。次年我又幸运地进入了杭州市社会科学院工作，并担任了市社科院亚太文化研究中心主任之职，专业从事起历史文化的研究，相继又编写了《中国社会文库》等大型书籍，未能割断我与出版结下的不解之缘。

二　新上任的 730 天

杭州出版社于 1995 年 12 月成立，是全国城市出版社中成立最晚、规模最小的出版社之一。租用了杭州市政府机关事务管理局名下一层四百多平方米的房屋办公。2002 年 5 月的一天下午，在时任市新闻出版局局长魏皓奔、市新闻出版局出版管理处郭水泉处长的亲自陪同下，我怀着忐忑的心情，跨入了出版社的这道门。此后再也没能回头。

这是间不大的会议室，里面济济一堂地坐满了二十来个人。他们投着疑惑的目光，似乎在久久地期盼着什么。忽听见有人嘀咕：“这人个头不高，听说很厉害。”一边马上又有人接着说：“要看他识不识水。”当魏局长宣读完了杭州市新闻出版局和中共杭州市委宣传部的任命文件后，我作了一个简短而又明确的表态。“我是来认真工作的，希望在今后的共事中诸位能多多体谅、多多合作。如果干不好，我们只能一起回家！”话音刚落，引起哄堂大笑。

我很明白出版社当下的困境：3 个编辑室的编辑，走的走，调的调，只剩下了 5 个人；全年可用 70 个书号，而出版选题只有可怜的 20 个；唯一能赚钱的书还被调走的人带走。认真干事的人不多，捣糨糊的不少，匿名举报者比比皆是。人心涣散，危机四伏，靠财政的一些补贴勉强地度日。欠印刷厂的钱还不知道何时能还，出版社恐怕就要只剩下门口的那块木牌了。

记得当我第一次走进出版社的卫生间，眼前的一幕让我惊呆了！大便囤积，尿液横流，蚊蝇滋生，人快要进不去了。哪像一家文化单位啊？我突然觉得，如果一个人只知道吃进去，不知道如何去收拾自己的排泄物，就一定是个非常自私，且又不肯担负责任的人。于是，我痛下决心要去改变。对，就从整治环境开始。很快组织了个现场会，邀主任以上的干部参加，宣布从我开始，社长、总编、副总编，必须轮流值日扫厕，值日人必须把自己的名字挂在厕所门上，便于监督。每人一周，无一例外。不搞教条，也绝不迁就。早上上班，第一件事就是拿起扫把、水桶搞清洁，身先士卒，以自己的行动来要求干部们改变工作作风。很快两个月过去了，在干部们的言传身教下，各部门办公室内累积的杂物都被一一清理，桌上也变得明亮起来。过道及公共区域，布上了绿色植物，使杭州出版社出现了一丝生机。

要使一个出版社真正走出困境，我认为要突破传统的经营模式，大胆探索出版社的市场化、产业化之路。大胆提出：“不是一个好的书商，就不是一个好的出版社。”比如我们在做好主渠道经营的同时，放下架子与二渠道合作，让一些市场需求量大的书，通过我们正规途径出版，就赚进了大笔的钱。再比如我们的书号不够用，便与其他出版社合作开发，进行资源整合，甜头不少。同时，我们注重了软件的建设，重组了新的领导班子，引进了具有一定研究素质的专业人才充实了业务队伍，聘请了傅璇琮、陈高华、毛昭晰、陈桥驿、魏桥、薛家柱等全国著名的专家学者为出版社的学术顾问，为出版社谋篇布章。

杭州出版社聘请的首批学术顾问：毛昭晰（右二）、陈桥驿（左三）、魏桥(左二)、薛家柱(左一)

杭州出版社再次聘请的学术顾问：
傅璇琮（中）、陈高华（右）

国家新闻出版署原署长、时任中国版协主席于友先先生（左一）视察杭州出版社，听取我的工作汇报

在全国近六百家出版社中，每年出版的图书有数万种，而杭州出版社的基础并不好，怎么能让它脱颖而出？新班子成员进行了反复的研究，认为，一个成功的出版社，就必须有自己的基本定位和清晰的发展方略。杭州是一个历史文化名城，是个文化积淀很深的城市，在反映杭州区域特色的文化方面大有文章可做。于是“以学术文化为龙头，休闲文化为特色”的发展定位很快形成。在浙江有十几家出版社，但还没有一家是如此定位的。这就给我们杭州出版社出版地域文化、都市休闲文化等提供了较大的空间。因为捕捉及时，在后续的发展中，我们抢夺了先机。

出版社开始有起色了，它像久病的孩子，慢慢治愈后整个面貌发生了变化。员工的积极性逐渐地被激发出来，上门找合作的人也络绎不绝。顿时，我们小小的出版社，货物进进出出，人员来来往往，好一番人丁兴旺的景象。只有四百多平方米的办公场地，显得拥挤不堪。这又使我在整天忙碌的疲惫中陷入了苦苦的冥思……

2002 年 10 月，在一次与朋友的相聚中，无意获悉某省级单位属下的一家公司，因资产清理，距西湖不远处有一幢旧楼欲出售。听着听着，我好像着了魔。第二天清晨，我蹬着脚踏车飞速地找到了该房屋所在地察看，喜出望外。中午我即带领班子的全体成员赴现场调研，取得共识后，迅速砸下 650 万元，买下了这幢小楼。

杭州出版社终于有了自己的第一份房产。完全是靠我们全体员工日夜奋战，艰苦努力，所赚得的钱购买的。但这还只是一幢旧楼，需要改造装修。于是我又沉浸在小楼整体翻新的烦琐工作之中而不能自拔。为了解决 200 万元的装修款，我只能要求我的员工要更努力地去开拓经营。为了提高小楼的实用性与美观性，我采用了欧式的建筑风格进行改造设计。用线条布窗，以增加立体感；用石块砼砌底层墙体，来体现建筑物的庄重；屋顶平改坡，可展示小楼的气势。我想要让我们的员工能在西湖边最漂亮的楼内办公，彰显我们出版人的努力与自信。效果图一出，使人眼睛突然一亮，引起了很多人的关注。原来破旧不堪，摇摇欲坠的小楼，亦变成了衬托西湖的一道风景，像一颗深藏在山林中的明珠，熠熠发光。

为了买楼、修楼，我不知经历了多少个不眠之夜。小楼在经历 10 个月的施工期中，我每天早上先到办公室布置处理完工作，下午就去工地上了。脚手架上，爬上爬下，查看工序是否到位，质量是否符合，进度是否抓紧。不管是数九寒天，还是炎炎烈日，天天如此。但人是不能太耀眼的。说你来了一年都不到，出版社竟自费买了小楼，还大动干戈搞起了装修，太张扬了。于是举报信又像雪片一样飘了起来，执法大队纷至沓来，说：西湖边的楼怎么能随便买卖呢？未经园林文物局的批

改建后的杭州出版社

准，竟敢在西湖边动土，这是非法，勒令停工拆除。天哪，我怎么耗得起呢？说我非法，杭州出版社的装修工程是报市政府审批过的，有简复单，规划局、建委我也是走透透的。怎么到了园林文物局就这么复杂了呢？噢，我发现原来是小鬼难缠。

人总是要有点硬骨头精神的。我不怕鬼，更不信邪。我认为杭州出版社的装修工程体现了“三性”，即合法性、合理性和必要性。其合法性是得到了政府的允许；合理性是将闲置的小楼变废为宝；必要性是自掏腰包为西湖梳妆。何罪之有？心里有了底，我一纸上书给杭州市委副书记、市纪律检查委员会书记叶明同志，要求评理。叶书记很快将杭州出版社的报告批给时任杭州市园林文物局局长张建庭同志。叶书记批示：“建庭同志阅。请予妥善处理。”于是，杭州出版社的小楼才得以保全。

2003 年 8 月 8 日，简朴而隆重的仪式过后，杭州出版社正式搬入了这幢漂亮而让人嫉妒的小楼。市委、市政府，省新闻出版局相关领导，在杭的各大媒体前来祝贺。2004 年 1 月 14 日，新华社记者虞云达、慎海雄以《杭州出版社依靠地方特色探索发展之路》为题，向全国发了通稿。新华社文中称：

杭州出版社及时调整了出版结构。在专家们的精心指点下，一批具有浓郁杭州地方特色，展现休闲文化和学术文化的图书应运而生。《兰蕙宝鉴》《千年胜迹雷峰塔》《钱塘里巷风情》

年迈的母亲见儿子有三个月不回家了，要姐姐陪同来出版社看望我

2003年10月，时任国家军委主席江泽民在阅读杭州出版社出版的《杭州的山》一书

《胡雪岩外传》《万松书院》等一大批“杭味”扑鼻的书籍问世后，立即受到市场欢迎。这批书籍将原来看似乏味的历史题材以优美、直观的图片，简洁明了的文字和雅俗共赏的编排方式，拉近了人们过去与今天的距离。《杭州的山》《杭州的水》《杭州的丝绸》等书籍将观赏性与实用性有机统一，将过去人们看不上眼的那些“导游图”式的介绍，变成了历史、文化与美学的精美结合。“老杭州”看后也照样爱不释手。2003年非典期间，仅《杭州的山》就销售了3万册，这本书成了杭州人爬山锻炼的向导和教练。而《千年胜迹雷峰塔》在一年多里销售了5万多册。最近，随着杨公堤等的开通，出版社与有关单位合作出版的一系列新西湖浏览图书，再次畅

销市场。

出版社还善于在挖掘地域文化精品中寻找商机。在出版了丝绸版《孙子兵法》的基础上，又推出了极具收藏价值的宣纸本《赵秉忠殿试状元卷》《五代·贯休十六罗汉图》等，为海内外读者所关注。最近，杭州出版社与多家单位合作，终于将乾隆御笔“雅宜清致”和贡本御览《西湖志纂》复制成功，投放市场后产生热烈反响。

欧洲朋友看杭州出版社出版的丝绸书《孙子兵法》

外国朋友手捧《孙子兵法》留影

新华社消息一刊发，不知道又触犯了哪些人的神经。霎时，讨伐声一阵又一阵地过来。这小子不杀杀他的威风就不知道天高地厚。于是，告状信就一直飞到了北京的国家新闻出版署。什么“不讲政治”啦、“书商当道”啦、“买卖书号”啦，罪名不下 10 条，要求国家新闻出版署停我们的业，整我们的顿。朋友看到我这张愁着眉的苦脸，好好规劝说：“你是一位经营人才，有钱自己不去好好赚，偏偏坐在公家的位子上，五加二、白加黑地干，却还要受这个气，值吗？”我回答：“我是一个敢于接受挑战的人，搞文化事业对我来说更有价值！这个道理，在我身上绝对比钱还要硬。”此刻的我，心情虽已掉到了谷底，但历经磨难，却从无惧色；历经坎坷，总还是能站起来。

三　吃西湖饭、杭州饭

西湖是杭州的魂、杭州的根。杭州出版社姓杭，吃好西湖饭、杭州饭，努力为市委、市政府的中心工作服务，为杭州的建设服务，应成为杭州出版社的立社之本，亦是我们义不容辞的一种社会责任。我认为一个城市出版社只有坚持自身的特点，努力在小而强、小而特、小而优上下功夫，充分挖掘杭州资源、西湖资源，立足杭州，服务好杭州，宣传好杭州，杭州出版社才会有希望，也有可能有所作为。

经过短短两年的拼搏与实践，奇迹终于出现了。实现了四个突破：一是突破了“上无片瓦，下无寸地”的状态，终于拥有了自主房产；二是突破了利润低徘徊的局面，2002 年当年，出版社就创利润达 512 万元，为杭州出版社成立 6 年来总利润的翻番；三是突破了传统经营模式，创新理念，不拘一格开拓市场，并改变了选题单一、贫乏的局面，出书量与出书速度创下新高；四是突破了国家重点图书出版运作零纪录的状况，承接并主持全国古籍整理出版规划重点项目《五代史书汇编》等图书的编纂。

我们在努力创造经济效益的同时，出版社还大力扶持了一批有特色的学术著作。年近九旬的桂廷芳先生编纂了一部近百万字的《红楼梦汉英习语词典》，但苦于无处出版。杭州出版社决定贴钱来出，词典一问世，引起了海内外“红学界”的很大关注，并给予高度评价，认为这是世界上“独一无二”的词典。《人民日报》、新华社等权威媒体均作了报道。

90年代末，杭州市委、市政府实施了西湖综合保护的综保工程。市委、市政府提出，要“打造西湖，还湖于民”。西湖综保八年，每一块绿地、每一条道路、每一方水域、每一寸岸线，实现了公共资源利用效益的最大化、最优化。2003年4月，没有围墙、不收门票的整个西湖都免费提供给市民和游客，不仅促进了杭州的经济社会发展，还提高了杭州作为一座国际风景旅游城市的知名度、美誉度与竞争力。为服务于市委、市政府的这一中心工作，我们提出要实施一项研究西湖的文化工程，拟要编纂出版一套体量有5000万字左右，集历史、人文、风俗、文化、地理、名胜、经济、文献等为一体的大型《西湖丛书》，把西湖2000多年演变过程，形成的历史记录下来，保存下去，构建一个蕴藏西湖瑰宝的文化殿堂。

一份《西湖全书》《西湖文献集成》《西湖通史》，简称“西湖丛书”出版报告书很快呈现在市委王国平书记手里，王书记阅后拍案叫绝。2004年2月17日，王书记亲自主持召开“西湖丛书编纂工作会议”，宣布专门成立西湖丛书编纂指导委员会办公室，指派市新闻出版局魏皓奔局长担任办公室主任，负责丛书的策划、协调、出版把关等主要工作，把它作为政府的“一号工程”来抓。2004年6月14日，王书记赴杭州出版社调研，问及丛书编纂中会遇到哪些困难，我答：“困难当然有。不过不管遇到多大困难，碰到多大问题，看准了的事就一定要干到底！”“我这个人，只要头梗（钻）出，尾巴扎牢勿扎牢，我勿管！”

“好啊！”王书记闻之，拍手称快。他提高嗓门，插话道：“你讲得好！办大事，就要这样。”

2004年10月20日，第六届西湖博览会上，由杭州出版社策划出版的《西湖丛书》隆重面世。第一批成果《西湖全书》14册，《西湖文献集成》11册，一上市就赢得一片叫好。此后第二批、第三批、第四批、第五批又相继出版。王国平书记不仅担当总主编，首发式都是亲自参加。体现了一个共产党人热衷文化建设的一种情怀，也体现了一个政治家建立的政绩要胜过苏东坡的雄心壮志与坚定决心。国家的政要及学术、文化界的名人，也当起了该丛书的顾问。有人说，西湖综合保护工程是保护西湖的硬件工程，那么研究西湖就是保护西湖的软件工程，而编纂出版“西湖丛书”、征集西湖文献则是西湖的基因工程。这套丛书被杭州市委、市政府称之为“西湖基因工程”。它成为杭州出版社展示地方特色和整理区域文化为己任的代表作，成为杭州出版社立足发展中的一项重要出版任务。

吃好杭州饭，对于在竞争中求生存的杭州出版社来说，要当仁不让。2005 年，全国政协办召开京杭大运河申报世界物质文化遗产研讨会，我牵头组成了专门的领导小组，调配全社的力量，在很短的时间内就编辑出版了《杭州运河历史研究》《杭州运河文献》《京杭大运河图说》《杭州运河风俗》等 8 种图书组成的“杭州运河丛书”，为研究、保护、治理和开发杭州运河提供了具有历史价值的珍贵资料。

2006 年 4 月 13 日，首届世界佛教论坛在杭州开幕。有来自 37 个国家和地区的佛教高僧云集，并诵经祈愿世界和平、人民安康。杭州出版社为了配合大会的召开，编辑出版了《杭州佛教文献丛刊》（20 册），用于大会的宣传交流。参会的中国台湾地区的星云大师、国民党荣誉主席连战先生手捧丛书连声称道：“功德无量！”此次论坛以“和谐世界，从心开始”为主题，着重讨论世界佛教界的合作、社会责任及其和平使命。

中国第十一世班禅额尔德尼·确吉杰布，与来自世界各地三大语系佛教的领袖，主要国际佛教事务组织的负责人，以及老挝、柬埔寨、越南等国政要等出席了论坛开幕式。时任联合国秘书长安南也发来了贺信。

浙江省民宗局局长赵一新同志向国民党荣誉主席赠送由杭州出版社出版的《杭州佛教文献丛刊》一书

举行于巴黎的世界遗产委员会第35次大会，于北京时间2011年6月24日晚传来消息，“中国杭州西湖文化景观”申遗成功。这是中国的第41个世界遗产项目和第29个世界文化遗产项目。

西湖的申遗始于1999年。它起步虽早，但步履维艰。其中一个重要的原因是，一直未能找到一个正确的申遗定位，在为什么西湖应该成为世界文化遗产的问题上缺乏话语权。引用陈同滨先生的话说，西湖与世界上以自然景观著称的景点相比，西湖人文景观最为丰富；与世界上以人文景观著称的景点相比，西湖自然景观最多。如何让外国专家读懂这“无声诗、有声画”，是西湖申遗的成败关键。10年后，将近5000万字的《西湖丛书》，送往法国联合国教科文组织总部的各国评审专家面前，他们终于被震撼了！他们找不出世界上的任何一个湖，能像西湖一样有这么丰厚的文化积淀与传承。有一位官员说：

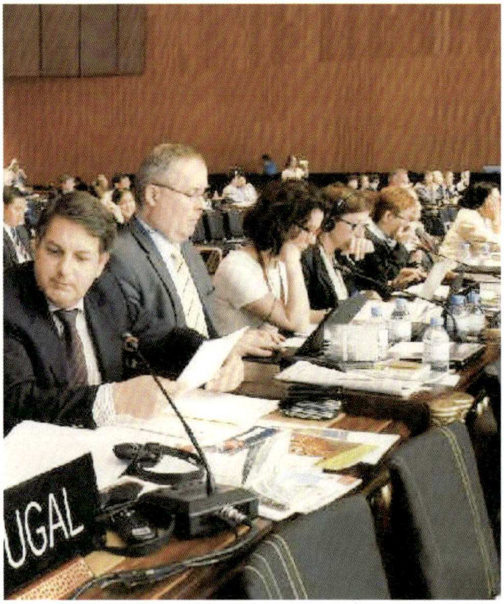

联合国申遗现场

“西湖丛书的体量，超越了联合国教科文组织收到的所有申遗文本字数的总和，叹为观止！”世界终于读懂了西湖，大会执行主席戴维森·赫本敲响了手中的小锤。

锤音刚落，世界各成员国代表报以长时间的热烈掌声，意味着西湖被列入世界文化景观名录。西湖得到了全世界的热情关注，成为全人类共同呵护的瑰宝，也成为了我们的精神家园。在这欢庆成功的时刻，许多人都站在了前列，很少会有人想到我们这些默默耕耘的出版人。但是我们却活得很踏实。

四　打中华牌　走国际路

如何面对出版业日趋激烈的竞争市场？如何做出自己的选择？我们正在苦苦地谋划着。2004 年 8 月，趁着杭州出版社乔迁新居的喜庆日子，我邀请了德国阿克塞尔·施普林格集团亚洲区总裁艾科先生访问了出版社，洽谈双方的合作事宜。欲通过合作，学习施普林格集团在国际出版市场的经验和做法，使我们可以活跃地参加国际版权贸易活动，培养我们自己的出版专业人才。

2004 年 12 月 3 日上午 10 时左右，国家发改委相关领导的电话打进了我的办公室，说德国的施罗德总理一行要率团访问中国，温家宝总理等政府要员均出席。德方指名要与杭州出版社赴京签订相关文化项目的合作协议。打电话的这位领导不明白究竟是怎么一回事，所以就摸不着头脑，心里很着急。于是就来电话详细询问了相关情况，并要求马上做出书面报告传真至北京。天哪，我不敢相信这是真的。按照中国的惯例，两国总理都出面的事，至少是厅长或者省长出面参加的，怎么轮得到我这个小不点赴会呢？心里虽在嘀咕，但也不敢怠慢。为了尽快能上报，看来写冠冕的文章是来不及了，只能急中生智，画了一张表格，设置了合作名称、合作内容、合作应注意的事项等栏目，言简意赅。特别是设置了合作应该注意的事项一栏，说明我们从事的是出版敏感行业，你不说，我们自己还是懂规矩的，可避免领导的担心。这份特殊的报告传呈上去后，居然顶了事。

当我们还没有在疑惑中平静下来，第二天下午 3 点过后，外交部的电话又打进来了。此刻，我还是将信将疑。外交部通知：要我携带好自己的身份证件，于 26 日上午 10 点到北京人民大会堂南门等候进场。于是，我们立即订购了一张 120 次的火车票，来不及回家换衣，身着一套旧的工作制服，当晚兴冲冲地坐上火车赶往北京。

北京人民大会堂庄严肃穆。随着时间的到来，人们陆续而至。我过完了正常的安检，但紧张的心还在激烈地跳动。世界的各大媒体，如德意志新闻社、合众国际社、美联社、路透社、法新社、俄通社、共同通讯社、埃菲社、新华通讯社等记者，均已站到事先准备好的铁架子上，各就各位，抢拍他们所需新闻的一瞬间。当两国总理各自带着他们自己的团队步入会议大厅，一一与我们握手致意，我才真正相信这不是梦，是真的。尔后，我与德方的代表，均被请上了签字席就座，两国政府首脑及相关的领导人，中国的总理温家宝、副总理曾培炎、外交部长李肇星等，德国的总理施罗德、内政部长席列等，一字排开在签字人后站立见证，予以祝贺。此时，大功率的镁光灯，化作了七色彩虹。在众多摄像机、照相机噼里啪啦地按下快门的那一刻，我顿时感到，自己将承载着一种巨大的社会责任。

杭州出版社与德国阿克塞尔·施普林格集团，在北京人民大会堂签署了关于汽车及摩托车杂志版权许可协议谅解备忘录及双方成立合作经营公司的合作谅解备忘录。此项目是德国总理访华中德两国签署的22个项目中唯一的文化项目。在两国总理会谈和记者招待会上，他们对此项目给予了充分肯定，并对两国文化交流合作寄予厚望。德国阿克塞尔·施普林格集团是国际著名的出版集团，旗下有150家杂志和90家报纸，包括德国最具影响力的《世界报》和发行量最大的《图片报》。杭州出版社与国际出版集团的合作，是希望能够近距离学习，提升自我管理、技术改造、出版理念更新等综合素质及水平，让企业迅速成长，快速与世界接轨。

2004年12月6日，国务院总理温家宝（后右四）、副总理曾培炎（后右三）、外交部长李肇星（后右二）等与德国总理施罗德（后左四）、内政部长席列（后左三）等在北京人民大会堂出席杭州出版社与德国阿克赛尔·施普林格集团关于汽车及摩托车杂志版权许可协议谅解备忘录及双方成立合作经营公司的合作谅解备忘录的签字仪式。

签字人杭州出版社总编辑徐海荣（前右），德国阿克赛尔·施普林格集团国际总裁威勒博士（前左）

（新华社　摄）

获旧金山荣誉市民证书

2007 年 1 月的一天，我曾接待了未曾相识的美国加州对外友谊发展委员会主席谢汉屏先生。他告诉我，不久前，他与美华裔众议员马世云女士，随由美国众议员、参议员组成的两院代表团访问北京，看到了杭州出版社出版的有关杭州的各类精美图书，深受启发。说杭州出版社对加州的文化建设提供了一个很好的借鉴，说我对他们有功，授予了我旧金山荣誉市民的证书。并同时转达了美国加利福尼亚政府亚裔和太平洋岛屿美国人事务委员会对我发出的访美邀请。

与美国众议院议员马世云留影

同年 4 月，我一行二人，第一次踏上了美国的土地，访问了加州。加州州务卿戴比 · 博文（Debra Bowen）在州政府会见了我，并进行了友好的会谈。她说：“杭州出版社努力做好当地文化的出版工作，给加州政府提供了一个很好的借鉴。”并希望能加强两地文化的交流与合作，建立两地区互为宣传的合作窗口机制。时过三日，我还停留在美国的其他城市，州务卿 Debra Bowen 女士，又亲笔给我写信，提出了一项特别的请求：“杭州出版社主要致力于公共关系的发展以及当地政府文化资料的出版。通过你们对美国的访问，我们希望能让你们对旧金山政府有更多的了解，也希望能提供一个机会，让你们对公共关系及地方文化宣传的作用，以及它是如何影响人们的观念，尤其是它在建立亚美团体关系上的重要性有更深的体会和理解。”

访美期间，州务卿 Debra Bowen 女士，还邀请我参观并体验加盖象征州政府权力的钢印，供作留念。美华裔众议员马世云女士，对杭州出版社出版的中英文丝绸书《孙子兵法》颇感兴趣，给予了很高的评价，并与我一起捧书合影。

杭州出版社，不仅成为杭州历史文化的传播者，也成为了美国加州的友好宣传员。这让我们看到了更多的发展机会。于是，我们又于 2009 年 7 月，与美国百盛公司合作，在美国纽约注册成立了美国华文出版有限公司，简称美国华文出版社（英文名：HUAWEN PUBLISH U.S.A INC）。成立的该出版机构，是杭州出版社积极贯彻中央关于培育外向型企业，积极实施文化“走出去”战略，创新对外文化交流体制的精神而采取的举措，对于开拓海外出版物市场，有效增进海外读者对中国历史文化的了解，具有重要意义。

著名华裔美国作家陈香梅女士，为美国华文出版社的成立题写了贺词。2013 年，杭州出版社荣获了中国图书世界影响力百强殊荣。

2007 年 4 月 18 日，与美国加州州务卿戴比・博文（Debra Bowen）在州政府会见

被邀请在介绍宣传加州的有关文件上加盖州政府的钢印

在美国加州州政府与州务卿戴比·博文（Debra Bowen）（右三）、加州对外友谊发展委员会主席谢汉屏（左二）、好友 Esther Huang 女士（右一）等留影

建立加州州政府与杭州出版社的文化交流与合作的机制

第四章

出版达人的报国之心

2014 年 3 月，中共杭州市委组织部组织市管局级干部分批到市委党校参加轮训。我也在受训之列。其间，陈建一常务副校长打电话要我去他办公室，说计划在 5 月份，党校要开办一期全市的中青年干部学习班，嘱我给这些学员上一课，谈一谈国际视野下的中国文化问题。我认为很有意义，作为一名文化出版人，感到责无旁贷。于是课程很快由党校的教务处作了安排。

我们的国家，我们的社会已迈进了 21 世纪的今天，如何来正确认知我们中华民族传统的文化，用现代思维来融合今天的世界，对于我们努力实现中华民族伟大复兴之梦大有裨益。我们讲文化，论文化，究竟什么是文化呢？简单地讲就是文治教化，或者说是运用文字的能力及具有的书本知识，更确切地讲，是人类在自己的社会历史实践活动中所创造的物质财富与精神财富的总和。所以说文化是一个很大的概念。我们讲到吃，可以谈饮食文化；讲到住，可以谈建筑文化；讲到玩，可以谈娱乐文化；讲到一个城市，可以谈城市文化；讲到哲学的问题，又可以谈哲学文化。如此等等，不一而足。虽然文化之间可以分出这么多的类别，但是它们之间的关系又是那么地密不可分，唇齿相依。比如说，我们讲文化，离不开价值观与思想观，也离不开民族的风俗与风情，更离不开很多人想避都不容易避开的政治一样。

记得，蔡奇同志在任浙江省委组织部部长的时候，曾举行了一个开放日，邀请两代表一委员走访组织部，各代表、委员纷纷发言，当然我也不会例外，就对中华文化要有自信，要走进美国发表了我的看法。当晚蔡奇部长在他的微博中发布了这个信息。我认为作为一个执政党的高级干部，对增强中华文化的自信问题有真知灼见的认识，我们的国家就有希望。我们讲的所谓文化自信，实际上就是一种民族的自信。任何一个国家，如果对自己的文化都不自信，他的民族又怎么能自信呢?

2014年6月5日下午，省政协乔传秀主席在陈永高秘书长、省民建黄小杭主委的陪同下，来看望我这个省政协的一名委员。乔主席一行饶有兴趣地听取我关于出版集团工作的汇报，对杭州出版集团坚持围绕省市两级政府的中心工作，服务大局，并用10年时间开展抢救整理出版文澜阁《四库全书》的文化工程，赞赏有政治的高度与出版人的眼光。对带领杭州出版集团走出了一条中国文化“走出去”的新路径，给予了充分的肯定和高度赞扬。她说，这体现了一个文化人的高度民族自信，彰显了国格与人格，指示要安排在省政协的“崇学讲堂”上，让我给大家讲讲。

浙江省政协主席乔传秀一行来杭州出版集团视察

乔主席听取《四库全书》整理编纂工作的汇报

向乔主席汇报杭州出版集团近年来的工作发展情况

乔主席一行在杭州出版集团留影

一　在美国讲学的日子

2011年6月，我应伯克利大学的邀请，进军世界的顶级高校，在美国的伯克利大学开设了“中国文化的特质与价值”的系列课程。内容涉及中国的政治文化、企业文化、饮食文化、风俗文化、礼仪文化、服饰文化、收藏文化、书画文化、建筑文化、城市文化、乡村文化、哲学文化。以授课的方式，面向美国的精英学子，在他们年轻的心田中播下中国文化和中华价值观的种子。听众除了伯克利大学的美国本土学生，有来自欧洲、亚洲的国际学生（包括博士、博士后），还有伯克利的汉学家，多个学科的知名教授、知名科学家，多个国籍的访问学者等，也有当地社会知名人士赶来参加。

伯克利是一个世界性的学府，他经历了近150年的历史，产生过46位诺贝尔奖得主和9位图灵奖得主，为最强的研究生学府，并与斯坦福、哈佛、麻省理工一起被誉为“美国社会不朽的学术脊梁”，为世界的科学、文化的发展做出过巨大的贡献。在课程中，有人问我：“徐教授，你为什么要来伯克利开设中国文化课程，用意、目的何在？”我很坦荡地告诉他：“中国历史悠久，文化积淀深厚，是世界历史文化的一个重要组成部分。通过这一系列课程的开设，旨在让受众能对中国文化有一个系统的、基础性的、正面的了解，使他们有开放的心胸来了解中华文化的价值观。我认为，唯有不偏执于一国的传统，博采众家文化之长，这个世界才会变得更精彩。”又有人出来问：“为什么中国是一党制，美国是多党制？是中国的制度好，还是美国的制度好？”我说：“您提的这个问题并不新鲜，世界上至少争论了50年。每个国家有着不同的历

在美国伯克利大学校园内开设“中国文化的特质与价值”课程

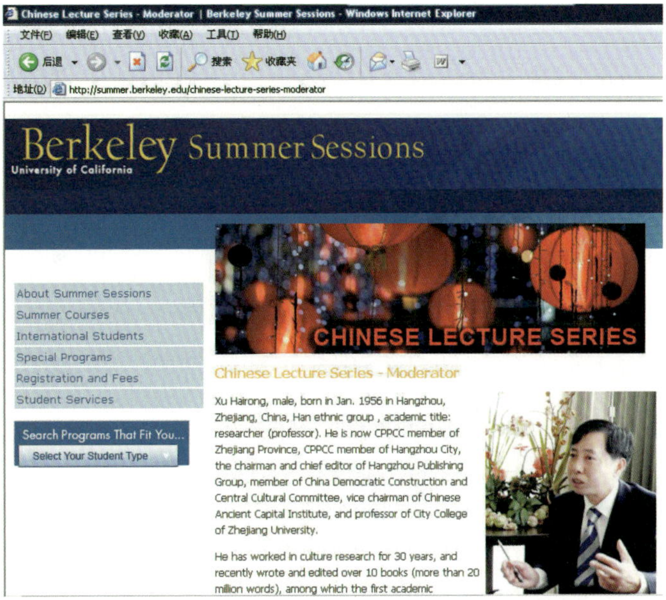

伯克利大学官网发布徐海荣简介及开设“中国文化的特质与价值”系列课程的相关信息

史和文化，不同的历史和文化决定了自己所在国家的政治体制。比如美国是一个联邦制的国家，是先有宪法再产生国家，是上帝崇拜；而我们中国是先有国家再有宪法，是皇帝崇拜，就形成了不同的政治体制，这在情理之中。”当然现在的中国已不再是帝制时期的君主国家。至于她问我“是美国的多党制好，还是中国的一党制好”，我想这个问题应该问她自己。因为人民有选择的权力。您喜欢多党制请您留在美国，您喜欢一党制请到中国来。其中有一关键我已提醒她：不论哪一种体制，我认为主要是要看是否有利于推动社会的前进与发展。自己的命运，自己做主嘛。

又有人问，为什么中国有这么多的人上访？我说，您说的这么多，到底是多少呢？您能给出一个确切的数字吗？看来，你所知道的只是表象。中国有 13 亿人口，真的像您所说的这么多的话，吓都要吓死您。上访或游行哪一个国家没有？美国没有？英国没有？还是日本没有？其实都有，甚至比中国还要多得多。我想，这才是一个正常的民主国家的政治场景。

也有人站起来说：请问教授，如果中国的企业或者叫公司，有 100 个员工，这 100 个员工都能当上老板吗？我又说，每个员工是否能当上老板，我想这是一个现代企业制度需要研究的问题。如果我是个老板，就会这样做，和员工形成一个利益的共同体。既然员工也是老板了，和公司之间就不是简单的雇佣关系了，就会对自己的企业或公司承担建设与发展的责任，也就不会对企业三心二意了。美国企业中的员工是否 100% 都能当上老板，我看也不见得，因为每个企业都会有自己的实际情况。

经过 30 多年的改革开放，中国的企业开始步入了市场经济的轨道，有许多企业纷纷上市。这样的企业如果有一万个人购买他们的股票，我想这个企业应该有一万个老板，因为他们都是所有权者。这是市场的经济法则所决定的。

还有人问：中国的饮食很有名，教授您能说说它对世界的影响与作用吗？中国的南方菜与北方菜有什么区别？我告诉他们，饮食是中国文化的重要根基，也是人类生活经验的一个重要组成部分，而这种生活经验又集中体现在人类早期的文化观念、哲学思维、科学实践的内涵之中。正因为有这样深厚的积淀，中国在世界上赢得了“烹饪王国”的美誉。“食在中国”已成为世人的共识，这是中华民族对整个世界和人类文明做出的无与伦比的伟大贡献，其影响与作用自然就很大。

中国汉字中的“鲜”字，半边是鱼，半边是羊。宋代以前，北方以羊为鲜，南方以鱼为鲜。北方重油重盐，南方清淡略甜。到了南宋的时候，朝廷南迁，北人南下，南料北烹，风味融合，无南北之分矣。如今已进入 21 世纪的中国人，人民的生活水平已发生了深刻的变化。老百姓不再担心吃不饱，而是担心吃不好、吃不下。如何科学、健康地饮食，也已成为中国东西南北中民众所共同关心的话题。

又有人继续问：教授，我有一个问题不解，为什么西方人喜欢吃冷的食物，而中国人喜欢吃热的食物？为什么西方人喜欢吃生的，中国人喜欢吃熟的呢？为什么古埃及陶器的底部是尖的，而中国古陶器的底部是平的？我回答说，您讲的西方人喜欢吃冷的或生的食物，我的理解应该是相对而言的。是否喜欢吃冷的、生的食物，应该与每个人的饮食习惯有关，也与气候等自然条件相关。原始社会初期，吃生是本能，吃熟是进化。我是从文化层面来谈这个话题。中国是一个烹饪王国，不但要精于“烹”，更要重于“调”。“调”的本质是通过“烹”把食物弄得更好吃，更符合人的口味。这就是中国人喜欢熟食的一个原因。当然，有的食品在经过加热后，在色香味上更好地满足了人们，但却让营养结构遭到了破坏。而西方人的生食、冷食可能更有利于保持营养结构。这里就有一个“饮食科学”的问题。换言之，中国的“传统饮食”也要革命。

说实话，我对埃及的古陶器缺乏研究。但对于它的文化略知一二。古埃及是世界四大文明古国之一，其他不讲，在艺术方面（包括器皿的工艺制作）堪称世界一绝。所以，制作尖底的陶罐不足为怪。从科学的原理上讲，古埃及尖底部的陶器放入水潭中容易倾倒便于装水。那么，尖底的陶罐如何摆放呢？我想应该有一个带孔的托架，才可以让陶罐摆放平稳。中国古代陶罐多为平底，有的呈三角，这样就不会出现摆放不平的问题。

中国的文化根植于中国的政治、思想、教育、经济、历史以及社会生活的方方面面，像一口水井，又深又沉，如何能够完整地表达民族性，也就是说把这个民族的整体人格——文化表现出来？我认为中国的文化就要唤醒一个全新的思维，那就是要把自己的水井统统打开，融会贯通，成为宽阔的、蔚蓝色

课堂现场

课堂学员踊跃举手提问

课堂获得阵阵掌声

2011 年 6 月 2 日当天，在教室围栏边接受《世界日报》记者的采访

世界日報 sf.worldjournal.com facebook.com/sfworldjournal　2011年6月3日 星期五 FRIDAY, JUNE 3, 2011　灣區綜合 B4

談中華文化 徐海榮：像一口井 既深且沉

將就企業、飲食、禮儀…等 端出12個主題說分明

記者陳巧倩 柏克萊報導

柏克萊加大暑期學校和中國浙江省杭州出版集團，於今年夏天共同舉辦「中國文化的特質與價值」講座，除了邀請該集團總編輯徐海榮進行為期一個半月的訪問，並針對12個主題，介紹中國文化不同的面貌，2日為第一場講座，主題是「中國政治文化」，吸引了許多學生和社會人士參加。

徐海榮說他花半年的時間為這12個題目準備題綱，每個主題還配合中西方的時事案例解說。他認為，中西方的根本差異來自於歷史和文化，並非憑空而生，這個講座從歷史的基本點出發，融合中國的時事、政治、生活，讓不懂中國文化的美國民眾也可以了解。

對於近年來西風東漸，中國文化該固守傳統還是接受改變？徐海榮表示他研究這個問題20多年，中國以一個封建國家來因應世界文化的多元發展，需要很大的勇氣做改變。他也強調，文化不是單一系統，現代的中國人要懂得師承傳統，不能偏執於傳統，才能與世界接軌，吸收眾家文化的精華。

提到中美文化的對照，徐海榮說中國文化就像一口水井，既深且沉，而美國文化就像是快餐式的簡餐文化，符合當今時代理念。他期許占全球人口五分之一的中國人應該要有承擔歷史責任的胸懷，廣開中華文化的水井，使其與世界海洋連結，因為中華文化的發展與進步，就是世界文化的發展與進步。

徐海榮除了擔任杭州出版集團總編輯、董事長外，也在浙江大學城市學院授課，並且是杭州市社會科學研究員。他曾多次擔任交換學者，到紐約、芝加哥等地參與社會科學及哲學的研究。他表示此次應柏克萊加大邀請來美，特地選擇居住在寄宿家庭，體驗真正的美式生活，他也希望此行能夠多和學者交流，加深對於美國後現代化思潮的認識。

講座分為12場，即日起到7月12日止，每逢周二和周四下午3至5時，將持續在柏克萊加大Hearst Memorial Mining Building的390室舉行。除了中國政治文化外，還會探討中國的企業、飲食、禮儀、服飾、書畫、建築、城市等11個不同主題文化。詳情請參考網站summer.berkeley.edu/chinese-lecture-series。

中國浙江省杭州出版集團總編輯徐海榮在柏克萊加大進行系列演講，主題是「中國文化的特質與價值」。（記者陳巧倩／攝影）

運動員不是戰士

金山人語

2011 年 6 月 3 日，《世界日报》以“谈中华文化　徐海荣：像一口井　既深且沉”为题报道了开课的盛况，以及整个系列课程的积极意义海洋。

伯克利大学所在的旧金山湾区的大众媒体对这次课程做了大量报道。英文报纸《加利福尼亚人日报》（The Daily Californian）在课程开设期间连续6周刊登系列课程的消息。开课之前的6月1日，北美发行量及影响力均居第一位的华文报纸《世界日报》在同一天的报纸上分别在“湾区综合”、“工商”版刊出了相关报道。开课当天，《世界日报》对我进行了专访，第二天，在“湾区综合”版头条新闻的位置上，以《谈中国文化　徐海荣：像一口水井　既深且沉》为题报道了开课的盛况以及整个系列课程的积极意义。《世界日报》的重点报道又引起了加州KTSF26电视台的关注。6月6日，正值中国传统的端午节，KTSF26电视台收视率最高的华语节目——《今夜有话说》对我进行了30分钟的直播专访。直播过程中，很多观众打进电话，希望能够参加后续的课程。6月27日，旧金山湾区最受欢迎的华语电台——星岛中文台总编辑汤凌亲自主持的节目——《自由谈》对我又做了一个小时的直播专访。这些报道也为随后的中国文化系列课程带来更多的听众。有的人甚至专程坐车或开车两三个小时赶到伯克利大学听课。

从整个课程的反响来看，美国的民众对于了解中国的文化存在强烈的需求。伯克利大学商学院的教授Kate Gong女士的话最具代表性。她是一个ABC（即在美国出生的华裔），她的父母辈年轻的时候从中国南方移民到美国，所以，她此前印象中的中国还是新中国成立前旧中国的模样。她说："能从课程中了解到当今的中国让我非常兴奋，这个课程颠覆了我对中国的认识，谢谢你们！另外，从我游历欧洲的经验来看，欧洲人对于中国、对于中国文化的了解也还很不够，我觉得你们的课程拿到欧洲也会很受欢迎。"

德国籍的生物学家 Heinz Wandelt 验证了她的话。Heinz Wandelt 先生在美国旅游度假，看到中国文化课程的宣传报道

2011 年 6 月 6 日，与美国 KTSF26 电视台著名主持人海翔先生，在《今夜有话说》栏目的直播室现场

在电视节目中畅谈中国文化，激情满怀

后被深深吸引，就放弃了游玩的时间来听课。“我在欧洲没有见过这样的课程，今天在美国赶上了，一定要来听一听。我已经退休了，但我希望能到中国去做点事情。这样的课程是我去中国之前的必修课！”

Jim Morgan 是伯克利国际学校的一名教师，听完建筑文化的课程后，他意味深长地说：“你所提到的中国城市文化中出现的问题，在美国也都存在，有许多美国少数民族的文化在城市建设中被破坏。这一课对我们非常有启发和借鉴意义。”他还主动留下联系方式，预订购买本次课程内容结集出版后的英文版书籍。

印度籍访问学者 Navin Mukesh Punjabi 是印度孟买最有名的商学院的教授，也被誉为印度最年轻的教授。他与妻子一起，从第一天开始就堂堂到场，他认为，金砖四国中的中国与印度，尤其是中国是主导未来经济发展的主要力量之一。他希望在未来能与中国建立密切的关系，也感谢这一系统性很强的中国文化课程，让中国在他的脑子里变得鲜活且具体，不再只是个笼统的概念。

总结这次在美国顶级高校开设中国文化系列课程的经验得失，我们觉得，“让中国文化走出去”的国家战略适逢其时，因为随着中国国家实力的增强，希望了解中国和中国文化的西方人越来越多。在这样的大背景下，国家、政府确实有必要大力开展中国文化及中华价值观的反输出，而成功的关键则在于输出方式和受众的选择。

当年的“乒乓外交”，小球推动大球，成功消融了中美关系的坚冰，结束了中美两国 20 多年的隔绝局面，让中美关系取得了历史性的突破。而我们今天在伯克利大学开设“中国文化的特质与价值”系列课程，也可视为文化意义上的“乒乓外交”。我们选择在美国顶级高校开设课程的方式来展示中国文化，输出中华价值观，以期影响美国未来一代的精英。这样，当他们学业有成，成为有能力决定美国走向的精英人物，“中国情结”就有可能成为他们内心价值判断的重要构成。而美国顶级高校的讲堂对于美国社会公众中的精英群体也有很大的吸引力。这样，课程的影响力就从高校学子扩延到了社会公众。这样的“伯克利模式”不但可以在伯克利大学长期运作，而且还可以复制到美国其他的著名大学。我们希望，我们今天的努力，也能像小球推动大球一样，让西方世界能够真正了解中国，让中国文化能够真正走向世界，发挥更大的影响力。

与德国籍生物学家Heinz Wandelt（中）交谈

与印度籍访问学者、印度知名商学院教授Navin Punjabi（右一）进行学术探讨

前来听课的知名人士

与美国作家 Felicitas Tirus 交谈并接受提问

二 东西方文化的差异与价值观的比较

作为中国人，对中国文化有自己的真知灼见。而西方人究竟了解多少呢？地理上的阻隔，政治上的对立，风俗上的误解，这里面中国人就应该有一个对自己文化宣传的责任。

几年前，美国的次贷危机引发了全球的金融风暴，世界经济末日似乎快要到来。尽管中国向美国购买的债券，实际效益如何众说不一，但中国政府还继续增持。2015 年 3 月，根据美国财政部的数据显示，中国当月持有美国国债总额达 1.2610 万亿美元，是美国最大的债权国。同时中国高层频频出访慷慨解囊，扮演了一个勇于承担世界经济复苏责任的发展中大国的角色。但是西方对中国的态度并不都是友善的，你帮了他，他并不会都说你的好话。西方人前吃后空，提前消费还振振有词；

中国人自己节衣缩食，勒紧裤腰带却还要施惠于人，叫作“仁、义、礼、智、信”，“温、良、恭、俭、让”。这是中国文化的核心价值观决定了中国人的大爱理念。世界上的任何政治斗争、经济斗争，包括军事斗争，实际上是一种价值观、思想观的斗争，最后终将归结到文化的层面。价值观前面讲了，那思想观是什么呢？实际上是一种思维的模式，用孔子的话讲就是“恕”。《论语》中讲的“己所不欲，勿施于人”最能体现“恕”的精义。1997 年 9 月国际行动理事会公布的《世界人类责任宣言》，将其确定为全球治理的“黄金规则”。早在中国唐朝

与中国驻美旧金山领事潘奇先生交谈

的麟德二年（665），高宗与武则天，率文武大臣、宫妃命妇去泰山封禅。车驾过寿张（今台前县），闻张氏（张公艺）九世同居，累朝都有旌表，因而也慕名过访，问张何能九世同居。公艺答："老夫自幼接受家训，慈爱宽仁，无殊能，仅诚意待人，一'忍'字而已。"遂请纸笔，书百"忍"字以进。高宗连连称善，并赠绢百端，以彰其事。

讲到中国文化，很多人会用"博大精深"四个字作概括，这没错，因为中国是一个古老的国家。越古老，她的历史文化积淀就越深厚。这里面有精华的，当然也有糟粕的，要去伪存真。中华民族文化是一个整体，他是由许多各具特色的地区文化和社会文化所组成和融汇而成的，这就使得我们整个民族文化多姿多彩。

很多西方人对于中国传统文化不甚了解，提出：多子多福是中国人的传统理念，为什么我们的政府还要实行"计划生育"的政策呢？因为他们不知道，多子多福是千百年来中国人的一个传统观念，也是旧中国在缺乏社会保障体系的背景下"养儿防老"的一项切实措施。中国为什么会占有世界上五分之一的人口呢？这与中国人的传统思维有关。新中国成立后，时代变了，社会保障体系逐渐改观，政府推行计划生育，利国利民，因为中国人口众多，财力有限，资源有限，不仅中国不堪重负，而且地球也会不堪重负。我认为中国实行计划生育，这是中国

百子图

勇于承担世界责任的一个表现。

谦虚、节制是君子的品质。有些外国人不解：为什么很多中国人会浮夸、大吃大喝，挥霍无度？君子是中国人一生追求的终极目标，而他们所说的浮夸、大吃大喝、挥霍无度只是满足了一些人的面子需要，并非君子行为。我们期许的君子之风，是要对这个国家、社会乃至世界要有责任感，并为之做出奉献的高尚之人。

在伯克利大学的讲堂上

也有人好奇质疑：中国人请客吃饭应由谁来埋单，为什么老是抢着付钱？其实他们不解中国人的好客。中国是一个好客的民族。一般来讲，谁请客，谁就得付钱。但出于对请客者的尊敬，被请者往往也会抢着付钱，以不失自己对朋友的面子。这是中国人为人处事的一种德行，也叫作够朋友、讲义气，难道有错吗？

伯克利大学的学者、教授们来到“中国文化的特质与价值”的课堂中听讲

更有人发难，像沃尔玛、家乐福这样大的世界名企也在中国做了价格欺诈等一些不好的事情，是不是受了中国企业文化的影响？他们说得不够确切。这个问题已经超越了企业文化的范畴，这是一种违法行径，说明一个企业管理制度稍不到位，或者不严，就会有人钻空子，好人也会变坏。如果制度到位，执行严格，坏人也难以做坏事。

自应邀赴美国伯克利大学开设“中国文化的特质与价值”的课程后，第二年5月，伯克利大学报请美国国务院批准，又邀我作为中国的访问学者，承担“全球热门问题在中国”的专项课题研究。

在伯克利大学访问研究期间，与著名经济学家巴里·埃森格林（Barry Eichengreen）教授就中国的民营经济和人民币国际化问题进行了学术交流。伯克利大学国际关系部主席代表罗纳德·格鲁斯基（Ronald Grongjky）也和我作了热情交谈，对我们拟在伯克利大学开办中国国学院的想法表示赞同，也希望能获得成功。他说，站在个人的角度，我是工程学博士，在多年的研究中我发现，很多现代的工程学思想都可以在中国古代的经典中找到出处。所以，这样的研究合作我也很有兴趣参加。站在行政的角度，我认为你的想法很好，我们的任务是为伯克利引进好的项目。所以我们的利益是相同的。

“中国文化的特质与价值”系列课程在伯克利大学赫斯特纪念馆390教室开讲。图为教室外回廊

同时他还讲了一个合作失败的案例给我听。近年有一个北京代表团

带着几百万美元的经费来到伯克利，希望与伯克利的教授合作，在中国建造飞机。他帮他们联系了相关的教授，也是在赫斯特纪念馆，举行了一个见面会。中国代表用精美的课件展示了自己的合作计划。两个小时结束后，没有一个伯克利的教授对该项目感兴趣。事后他找了几个教授，问他们为什么。他们说："这样的科研太落后了，我们一点兴趣都没有。我们在研究的是怎么建造宇宙飞船，而中国人还在研究怎么建造飞机。"其实，这些教授中的任何一个人只要点个头，就能轻易拿走几十万美元的经费，乘坐头等舱往返于中国和美国之间。但是，没有一个人感兴趣。这就是价值观的不同，导致这种使我们的投资者意想不到的结果。

伯克利大学的赫斯特纪念馆

三　人性面临着一场洗礼的变革

谈及人性，不是个新鲜的话题。所谓人性，即人类天然具备的基本精神之属性。按中国的圣贤说，一般称其为善恶，或食色，均是从社会伦理角度来阐发人性的。而西方的哲人则把人性看作是一种感性欲望，如平等、自由、慈爱、理性等等。他们大凡从人的本质存在、权利等角度来阐发人性，起始于反对封建统治对个性的扼杀。

人性会形成生与死的两个本能。它是支配人行为的原动力。而驱动人行为的是心理动机，则又源于自己的欲望，在追求利益的行为上，有恶善之分，从而形成可以转化的恶人与善人。人活在这个世界上，无论恶善，以道德观的角度划分：为人舍己为大善；利己利人是为善；利己损人是为恶；损人不利己为大恶。以利人之名，行利己之实为伪善；以利己之名，行利人之实为伪恶。

人性，也有人称之为社会性，泛指文化、伦理、道德，及经济、组织的总和。从人性起始的本源，到人性追利的核心，至人性繁衍的传承，形成了一个周而复始的人性生态链。

2011年，中共杭州市委宣传部率先在杭州开展了社会主义核心价值体系建设大讨论，在全国引起了很大的反响。根据杭州的社会实践提出了24个字的主题活动词：一月民生；二月文明；三月诚信；四月感恩；五月敬业；六月友善；七月信仰；八月责任；九月崇学；十月爱国；十一月务实；十二月和谐。浙江省委宣传部根据省情提出了务实、守信、崇学、向善4个主题词。中央宣传部根据国情制定了富强、民主、文明、和谐、自由、平等、公正、法治、爱国、敬业、诚信、友善24个字的主题词。杭州与浙江省的主题词均是从公民层面上来表述的。而中央24个字是分了三个层面，即国家层面、社会层面、公民层面。为什么从中央到地方都纷纷要开展我们的价值观实践活动呢？因为我们的这个社会已经产生了信仰的危机。在毛泽东时代，精神唯上，虽缺乏物质，但价值观一致，社会人心安定。在改革开放的年代，由于利益多元化而产生价值观多元化，金钱至上开始成为主导价值观。在这个市场经济的社会里，有相当一部分人只求回报，不想付出，什么社会责任、社会公德

与市领导联系的科技干部畅谈

全然不顾，中华民族优秀的传统价值观在他们身上沦丧殆尽。人与人之间缺乏信任，缺乏最起码的尊重，导致民仇富、民仇官，使这个社会不断发生各种形态的动荡。如果社会人心不能安定，则国家也不会安宁。

胡锦涛担任总书记期间，曾提出要打造和谐社会。这个和谐社会如何来打造呢？多元价值观如何求同存异呢？我想只要把它真正落实到两个字，叫作“尊重”，一切问题就会慢慢地迎刃而解。比如对于扫马路的清洁工而言，他为这个社会作了最基础性的贡献，理当得到这个社会的尊重。他被社会尊重的标志是什么呢？就是社会对他的生活要有一个必须的保障。此刻的他，心会很静，会保持他的工作热情，他会感恩这个社会，这个社会就会安宁。如果对一个富人来讲，这个富人只会口头上对清洁工表示赞美，没有实际的付出来支持这个社会对我们的清洁工的尊重，这名富人一定会招来清洁工的仇富心态。反之，如果这位富人学会并真正做到了尊重我们生活工作在底层的这些劳动者，我们的社会也就和谐了。如果再对一个当官的来讲，你不把自己当作统治者，而是公仆，把人民尊重为“上帝”，老百姓怎么会仇视你这个官呢？您当官的不为民做主，还不如回家卖红薯。我们这个社会需要大家的互相尊重。政府必须要尊重人民，人民也一定会尊重政府，穷人要尊重富人，富人一定要服务尊重穷人。社会与社会之间要尊重，国家与国家之间要尊重，人与人之间要尊重，这个世界才会和谐，才会安宁。

最近网上盛传世界上的一位最穷的总统，是乌拉圭的穆希卡。他被刺杀过 6 次，在监狱中度过 14 年时光。他从反对党游击队一直奋斗到 2009 年当选总统执掌大权，竟放弃了乌拉圭政府为其提供的豪华住房，选择了住在他妻子在首都蒙得维的亚郊外的一条泥路边破烂的农场，水来自院子里的一口水井，要洗的衣服挂成一串，院子里长满了杂草。仅两个警察带着武器看守，还有一条只有三条腿的狗长期守在外面。穆希卡当选总统后，月薪 12000 美元，但他只留 1500 美元的生活费，其余的全部捐献，成为了世界上最穷的总统。

但是他很开心，坐在花园里的一把旧椅子上说：“拥有我想拥有的，我能生活得很好。”

也有人可能会说，是不是这个人有点古怪，脑子会不会有

乌拉圭总统穆希卡

病啊？连选民们也普遍抱怨。但总统并不认为自己穷。他说，那些去努力保持豪华生活，总是想要更多的人，才是穷人。

穆希卡曾在20国峰会上演讲，指责“大多数持有一个盲目的愿望达到消费的增长的领导人，就像消费不增长意味着世界末日一样”。这就是穆希卡总统的价值观。

价值观的取舍，还决定着社会的走向。英国前首相丘吉尔曾引用古希腊作家普鲁塔克的话说：“对他们的伟大人物忘恩负义，是伟大民族的标志。”为什么要这样说呢？因为往往一个伟大的人物，当整个民族遇到灾难，他会以超人的毅力，强人的性格，独裁的品行站立起来将它承担。但厄运过后，要继续前行。一个伟大的民族延续传承下来，是因为他们一直往前走而不是老回头看，将苦难留在身后，专注前方的道路，已经过去的没有必要继续负担。所以在第二次世界大战结束后，作为英国首相的丘吉尔，是领导这场大战取胜的大英雄、大功臣。可是在国内首相大选时，他却落选了。并不是因为他老了，是因为他太强势了，被西方的民主制度给淘汰了。他很伤心，退出了政治舞台，引用了普鲁塔克的话来倾诉自己的心声。

但是历史的车轮还是滚滚向前，丘吉尔以后的首相一代一代地轮回交替，不断推动着英国社会的发展与进步。

牛人丘吉尔

四　中国传统文化面临的挑战与机遇

中国有句成语叫作“孔融让梨”，凡是进过学堂的人都应该知道这个故事。孔融是东汉时期山东曲阜人，从小就聪明绝顶，四岁时能背诵许多诗赋，且又能巧言擅答。有一天其父的朋友送来了一些梨子，父亲让孔融分给兄弟们，孔融挑了个最小的留给自己，其余按照长幼顺序分给哥哥和弟弟们，孔融说：“我年纪小，应该吃小梨，大的应给哥哥们。”父亲听后很高兴地接着问：“那弟弟比你小为什么梨比你的大呢？”孔融说：“因为弟弟比我小，所以我应该让着他。”

孔融让梨的故事，千百年来一直作为中国的道德教育典范而广为流传，许多父母都拿来教育子女怎样懂得礼仪和谦让。可到了这年头，这个老故事在一位当今小学生那里却遇到了一场“孔融让梨我不让”的风波。所以有人一直想知道西方的美国孩子对这个故事会怎样反应，最近终于在美国的一所年龄在8—12岁的丫丫中文学校里有机会得以见识。以下是网上登载老师讲完孔融让梨故事后与孩子们的讨论情况。

老师：关于孔融让梨你们怎么看?

学生：爸爸的朋友为什么要给孔融家送梨?

老师：作为礼物。

学生：既然是作为礼物一定要是好梨子了，为什么还明显地有大有小，不能一般大吗?

老师：……

学生：既然梨子有大有小，爸爸为什么还要四岁的孔融去分，一旦分不公平怎么办?分出去了的梨子难道再要回来?

老师：……

学生：为什么要分给每个人吃，不愿吃不吃、谁愿吃谁自己去拿不行吗？

老师：那样或许会不公平。

学生：但孔融这样分也不一定公平啊，所有的兄弟都得根据孔融的喜好得到梨子，他们的选择机会被剥夺了，分到最大梨的兄弟可能恰巧不喜欢吃呢。

老师：你说得对，这个故事的确基于每个人都喜欢吃梨的假设前提。

学生：孔融为什么对哥哥和弟弟实行前后矛盾、绝对相反的标准呢？他难道没有固定的做事原则吗？

老师：他是在表现谦让。

学生：他只能表现自己的谦让，给自己拿一个最小的好了，他为什么不给其他兄弟表现谦让的机会呢？

老师：那你怎么看孔融？

学生：我不喜欢孔融，他这么做对别人不公平，剥夺了其他兄弟选择和表现的机会。

学生：我觉得孔融不诚实。

老师：为什么？

学生：这件事情有点自相矛盾，孔融可能不喜欢吃梨才给自己一个最小的，但不喜欢吃就该直说，讨巧地编出一堆冠冕堂皇的理由是很虚伪的。反过来，要是他喜欢吃梨的话却把最大的都给了别人也是口是心非，喜欢什么该勇于承认才对。

学生：我也不喜欢孔融的爸爸。

老师：为什么？

学生：他不负责任，让没有行为能力四岁的孔融分梨，而且他也没有是非观念，孔融分梨的行为很主观武断却得到了父亲的表扬。

老师：……

学生：这个故事不好，鼓励主观武断，剥夺了民主，这种扭曲自己的欲望去赢得赞扬的做法是一种不健康的心理行为。

老师：要是你是孔融会怎么做？

学生：把梨放到桌子上，谁吃谁拿好了。

听到这里，你们有何感想？一个千百年来中国儒家思想的典范在美国孩子这里却变成了主观武断、践踏平等和假心假意的典型，你们说到底是哪里出了错？

美国有一家叫作兰德的公司，是一家著名的非营利研究机构，专为美国官方提供客观的分析和有效的解决方案。它曾公布一份对中国现状的分析报告，报告中说，中国的文化只是建立在家族血缘关系上而不是建立在一个理性的社会基础之上。

美国兰德公司

这种以血缘关系为基础的道德观势必导致自私、冷酷，这种自私和冷酷已经成为阻碍中国社会向前发展的最关键因素。在中国，特别强调所谓的人脉，这正反映了中国不是以理性为标准而是以关系为标准的社会。这种社会，导致制度无法遵守，诚信无法普及，因为每个人都有自己的关系，关系之下，什么事情都可以解决，这就导致了人们可以无视一切，只要有关系就行。正是这种关系，帮助你达到了目的同时，也无时无刻不在伤害他人与社会，并最终伤害到自己，形成一种恶性循环。

中国的教育体系，面临古代修养式教育（不鼓励冒险）与现代学业文凭教育的两难困境。在一些人眼中，受教育不是为了寻求真理，而是争取获得显赫身份的一种途径。这种教育方式不能服务于教育本应所服务的对象，即我们的社会，只会制造出渴望能够受益于社会提供的好处，却毫不关心回报社会的一些投机分子。所以兰德的分析报告最后说：大多数中国毕业生选择出国，并不会为在外国工作感到内疚。但事实上，他们首先欠下了中国人民在教育上为他们做出的牺牲。随着传统文化价值观的破坏和逐步衰弱，大多数人，包括受过教育的人都徘徊在精神和内心世界的路口。这值得我们深思。

2012 年 10 月 11 日，莫言先生得了个国际的诺贝尔文学奖，媒体为之大力鼓噪，有的媒体放话说，这是我们中国人第一次得到的殊荣，真是了不得了。何况中国人要的是那份得奖的“自豪感”，发奖人怎么说，是不会有几个人去较真的。此次诺贝尔文学委员会对莫言的颁奖辞中说：“他（莫言）给我们展示的世界没有真相，没有常识，更没有怜悯，那里的人们都鲁莽、无助和荒谬，这一苦痛的证据就是中国历史上经常出现的吃人肉的风俗。在莫言的笔下，吃人肉象征着毫无节制的消费、铺张、垃圾、肉欲和无法描述的欲望。只有他能够跨越种种禁忌界线加以阐释。”诺贝尔文学委员会的这番评价，准确地揭示了莫言文学的本质。在2013年的清风讲堂上，有的同志向我提问：能否对莫言的获奖作一评价？这个问题实在让我有点为难，但最后我还是照实说了。看在同是中国人的情分上，对莫言先生的获奖当然还是要表示祝贺。但在祝贺之余，我内心的酸楚让我很纠结。我不明白这个世界到底怎么了，越是落后的、封建的、愚昧的、妖魔鬼怪的东西，在一些西方人眼里越是把它捧为至宝，中国人越落后，他们就越高兴。我们中国人当中

在清风讲堂上

讲堂中的听众

也就是有这么一些人，专戳自己的脊梁为快。这难道是中国文学发展的主流吗？是世界文学发展的主流吗？不！

不是吗？近年又出现了一个热议的话题：一对大陆的母子游玩香港，孩子小憋不住，母亲帮小孩在街道上便溺。那还得了，“汉奸”又出现了，边拍照边渲染，要让天下的人都知道大陆人的不文明。于是一场大谈文明的口水战开始了，沸沸扬扬，不亦乐乎。此时，著名演员陈道明先生站出来了，说了一番很到位且又十分公正的话。他说：“文明的意义除了不当街便溺，还有善意与宽容，前者是表象，后者才是根本。真正的文明，是碰到这样的情况，走过去善意地咨询那位母亲是否需要帮忙，或者指引她找到厕所，而不是冷漠地拍照当成渲染大陆人素质低下的又一佐证。大陆人的素质确实有待提高，但香港人的文明同样需要提升。”说得多么深刻！同样，我认为一个真正的文学作品，也应该是为这个时代的发展与进步服务，而不是妖魔化、政治化。达赖、

英国女孩坐在桥边的栏杆上聊天

刘晓波不也都是中国人吗？他们获得了诺贝尔和平奖，他们根本不搞和平，而是闹分裂，这个诺贝尔不是搞政治化又是什么？还有一个中国人叫高行健，1987 年流亡法国，以“政治难民”身份定居巴黎。他的作品《灵山》在 2000 年也获得了诺贝尔文学奖。基于他的政治立场，国内媒体当然会持否定的态度。我们再说说美国的现任总统奥巴马吧，他不也是诺贝尔和平奖的得主吗？他对中东一些国家，比如阿富汗问题的处理，以及重返亚洲的战略，他表现如何？近年奥巴马又对日本等亚洲四国进行国事访问，支持日本行使集体自卫权，强调钓鱼岛在日本“施政”之下，适用于《日美安保条约》，又在东海、南海掀起了波澜。他没有给这个世界带来安宁，哪有什么和平可言。你说这个诺贝尔奖糟糕不糟糕。我看干脆还是不要的好。没意义嘛！

2015 年，中共杭州市委组织部在市委党校举办了市管领导联系的高层次人才政治理论研修班。学习期满，我作为一名学员也应该对组织、对党校有一个交代。所以在小组讨论会上谈了自己的一点学习的体会。我认为，我们的党、我们的国家、我们的社会在经历了 30 多年改革开放后又面临伟大变革的非常时期，我们的干部要保持清醒的头脑，不仅要做好美梦，更应实干兴邦。要认真学习思考，深入理论研究，要增强中华文化的民族自信。近一个多世纪以来，国际上各种形态的斗争风

美国前总统尼克松

起云涌、喋喋不休，不得安宁。你们看谁胜了？谁也改变不了谁。我认为这个世界要从人类发展的本质找出路，要处理和解决好三大关系，即人与社会、人与人、人与心的关系。所谓人与社会，就是要找准人这个社会的个体在整个大千社会中您该扮演的角色，一定要找准定位（或是位子）；人与人之间要讲究平等、相互尊重、处事公正；人与心之间，人在满足了一定的物质需求后，更注重精神层面的需求，也就是说要进入道的层面，换言之就是信仰。我们只有把这三大问题研究透了，人类的本性也就会昭然若揭，这个世界就会太平。美国有一个前总统叫尼克松，他写过一本书叫《不战而胜》，中译本是新华出版社出版的。“不战而胜”一语源自中国的孙子兵法。原文叫作：“不战而屈人之兵，善之善者也。”意思是说，不通过打仗而让人退缩，是兵法的最高境界。在那本书中，在文章的最后部分，尼克松说了这么一句话：“当有一天，中国的年轻人已经不再相信他们老祖宗的教导和他们的传统文化，我们美国人就不战而胜了……”这是美国总统给我们的深刻警示！

科斯教授

占世界人口总数五分之一的中国，有着五千年的发展史和文明史。她的成长与发展是人类文明进步的重要标志之一，中国人如不触及自己的历史文化进行剖析研究，就不能真正融入这个世界。同样，西方人对中国的历史文化不甚了解或一知半解，对这个世界的认知就会出现偏颇。

中国的历史文化，是世界文化的重要组成部分，研究中国史，实际上是在研究世界史。研究中国，第一要从历史的维度看中国；第二要从世界的格局看中国；第三要从人类未来的走向看中国。美国芝加哥大学有个叫科斯的教授，是诺贝尔经济学奖的得主，是新制度经济学鼻祖、产权理论的奠基人，其理论对中国的经济改革影响深远。科斯教授曾在中国改革开放三十周年之际，以当年 98 岁的高龄，亲自倡议并主持召开中国经济制度变革三十周年国际学术研讨会，他说："我是一个生于 1910 年的老人，经历过两次世界大战和许多事情，深知中国前途远大，深知中国的奋斗就是全人类的奋斗，中国的经验对全人类非常重要。"说得非常中肯。

记得，我以前看到过一份资料，说钱学森曾向我们的温家宝总理提出了一个发人深省的问题。问：为什么中国的大学生在 1949 年后没有产生过一个世界级的原创性思想家或有创见的科学家？总理默默无语。后来还是科斯教授给我们作了回答：因为中国缺乏一个开放的思想市场。

他认为，一个开放、自由的思想市场不能防止错误思想或邪恶信念的产生。但历史已经表明，就这一方面来说，压制思想市场会招致更坏的结果。而一个良好的思想市场，培育宽容，这是一剂有效的对偏见和自负的解毒剂。在一个开放的社会，错误的思想很少能侵入社会的根基，威胁社会的稳定。所以，一个充满活力的思想市场不仅是学术卓越的一个先决条件，也是开放的社会和自由经济不可缺少的道德和知识基础。没有这样的思想市场，人才的多样性必将枯竭。这值得我们深思。

我的朋友一直对我说：“我要用一生的储备寻找另一只巴掌，要让未来的世界听到今天的掌声。”看来，我和您们都一样。坚守在自己的岗位上，我的双肩感到那么地沉重……

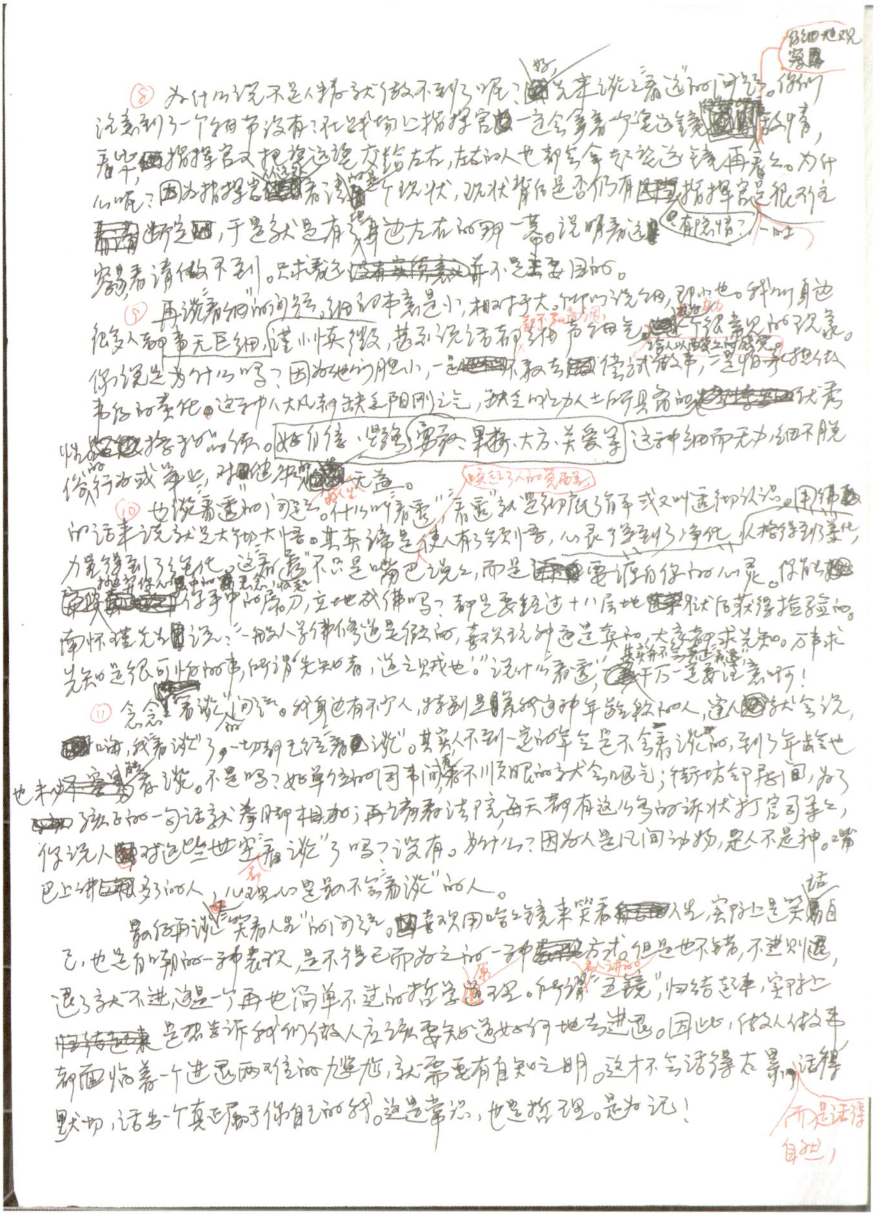

作者手稿

第五章
文澜“四库”话古今

冬季的冷风习习吹来，给人们一丝丝的寒意。我坐在窗前，凝视千年运河的流水，思绪万千。文澜阁《四库全书》的整理出版工程已经历了整整十个寒秋，其间因资金缺乏等各种原因干干停停、停停干干，可谓历经磨难。然而，如今工程告竣，功德终将圆满。此刻的我与我的同仁们，如释重负，心百感交集，血汹涌澎湃，泪纵流满面。现在我们可以自豪地说，作为一名出版人、文化人、浙江人，我们做了自己非常愿意做的事，而且是应该要做好的事，我们无愧于这个社会。

民国元年（1912）12 月，孙中山与沪军都督陈其美等视察文澜阁后合影

2002年5月，因服从上级领导的工作安排，我从杭州市社会科学院来到了杭州出版社。当时的杭州出版社仅有职工25人，规模小，底子薄，上无片瓦，下无寸地，步履艰难，百废待兴。匆匆上任的我，精神压力很大，经常夜不能寐，一直犯闷着、思考着如何能让杭州出版社的发展走出一番天地。于是就确立了学习、创新、奋进的出版理念，制定了“吃杭州饭、打中华牌、走国际路”的12字方针，成为推动杭州出版社起步发展的动力。

2003年初春的一个早上，刚推进办公室的门，桌上的电话铃就响了，是原国家古籍整理出版规划小组秘书长、中华书局总编辑傅璇琮先生打来的。说他希望我能与他一起合作，作为主编之一共同来主持完成被列入国家古籍整理出版项目的《五代史书汇编》（10卷本）的编纂工作，并交由杭州出版社出版。这是老一辈的学者、国学大师对我们年轻一代的提携与关爱，我受宠若惊。从此杭州出版社在承担国家级出版项目上实现了零的突破。同年5月，在春意盎然的日子，傅老先生又给我寄来商务印书馆将出版文津阁《四库全书》相关宣传资料。我读后如获至宝，突发奇想：北京要出版文津阁，杭州为什么不出版文澜阁呢？当时我很冲动，有点异想天开，不自量力。人家商务印书馆是有百年出版历史的大社，有人脉，经济实力强，而杭州出版社当时距成立还不足10年，经济底子薄，吃了上顿顾不了下餐，有这个实力做《四库》吗？但冲动往往会铸就梦想。于是，一场历时十载的文澜阁《四库全书》的整理出版工程由此拉开了序幕而一发不可收拾。

听傅璇琮先生讲授古籍的整理与出版

一　两百年的“四库”情缘

杭州出版社计划整理出版文澜阁《四库全书》的消息不胫而走，一石激起千层浪。有的来电话询问，有的则表示质疑，有的干脆嘲笑。说这原本应该由国家来做的事，就凭您一个小小的杭州出版社能支撑得了吗？真是不知天高地厚。是的，我是有别人嘲讽的那种味道，那种“奋青”，往往撞了南墙也不服输，更不愿回头。性格决定了我喜欢挑战的命运，只要看准了是对的，就一直会向前走，向前冲……

但是，现实与理想之间的差异往往是那么地大，那么地遥远。我常常在白堤上的文澜阁旁独自徘徊，脑海中不断浮现四库学著名研究专家顾志兴研究员讲述的文澜阁和《四库全书》的动人历史。

顾先生说，由乾隆皇帝钦定，集数千人之力完成的《四库全书》（1773—1781），是中国历史上规模最大的一部丛书，共收录图书3461种，79309册，10亿字，荟萃清乾隆中期以前的历代主要典籍。用8年时间完成的《四库全书》共抄了7部，分藏于北京的文渊阁、北京圆明园的文源阁、河北承德避暑山庄的文津阁、沈阳的文溯阁、扬州的文汇阁、镇江的文宗阁和杭州的文澜阁。

清代以来，中华民族遭受的灾难连连不断。太平天国起义军一把火烧掉了扬州文汇阁、镇江文宗阁的库书，而英法联军

杭州文澜阁外景

文澜阁尊藏

入侵北京后又用一把火烧掉了圆明园文源阁的库书。仅留下的4部中，北京文渊阁藏书在国民党败离大陆时带到了台湾，现藏于台湾的“故宫博物院”；河北承德避暑山庄文津阁本后运到北京，现藏于国家图书馆；沈阳文溯阁的藏书1966年运抵兰州珍藏。

杭州文澜阁《四库全书》能保存流传至今，其经历曲折，非其他几部可比。历代浙江文人为保护国宝而深明大义，为救护国宝而抛洒热血，使文澜阁本能躲过战乱而幸存，实为传奇。

那是在1861年的初冬，太平军攻入杭州，钱塘人丁申、丁丙兄弟出逃避难于杭州城西留下镇的西溪。次年正月，丁氏兄弟在街市闲逛，突然发现小摊贩用于花生、瓜子的包装纸竟全是四库全书的散页时大惊失色，心想难道文澜阁库书已流落街市？急查看店主的包装纸堆，竟分拣出数十册被污损的《四库全书》，不堪入眼。

丁氏兄弟回家马上与家人商议对策。他俩深知《四库全书》之于国家民族的重要，眼见《四库全书》已从文澜阁流入街市，深感事态严重，决定冒险施救。他们趁夜色潜入西湖孤山脚下的文澜阁旁，见文澜阁四周满地残籍，库书已遭受前所未有的浩劫。兄弟俩指挥家人收捡残籍，背负肩挑，运往西溪风木庵藏起来。

当时丁氏兄弟收捡到的只是一部分，还有许多典籍已经流

丁丙像

落民间。如何将市民手中的典籍重新收集起来？根据杭州的“敬惜字纸”的传统习俗，雇人每日沿街收购书本、散纸。此时市民还没有将手中的“字纸”毁掉，见有人收购，就纷纷将这些残籍卖钱。六个月中，丁氏兄弟从街市收购回阁书8689册。丁氏兄弟的努力使得1/3左右的库书得以劫后余生，但兄弟俩深知这一典籍已成残籍。

为了能弥补文化瑰宝残缺的遗憾，丁氏兄弟萌发了补齐这部典籍的念头。他们招募了百余人，从宁波天一阁卢氏抱经楼、汪氏振绮堂、孙氏寿松堂等江南十数藏书名家处，及长沙袁氏卧雪庐、南海孔氏三十三万卷楼等处，搜觅精善之本进行抄写。耗时11年，共抄书26000余册。在《四库全书》编纂过程中，朝廷曾将一些对清政府不利的文字删除，或将部分书籍排除在丛书之外，还有部分典籍漏收，丁氏兄弟借此将其收录补齐，并归还文澜阁。

民国时期的浙江省图书馆首任馆长钱恂，继丁氏兄弟之后

钱恂像

张宗祥像

又继续了补抄工作，谓之“乙卯补抄”。钱恂，大学者，湖州人，曾担任大总统顾问和国民政府参议员。他虽被袁世凯调至北京工作，但这项补抄工作并没有终止，他的北京家中，安置了不少抄写人员，从文渊阁借出《四库全书》继续补抄。

此后，海宁人张宗祥又发起“癸亥补抄”。最后完成的文澜阁《四库全书》比原来更为完整。因原《四库全书》有漏抄，如补抄本《竹岩集》十二卷，原四库本仅三卷，现册数上比原来增多；补抄依据版本优良，集清末全国藏书之精华；有许多被馆臣删改的文字按原样据原本得以恢复。补齐后的文澜阁《四库全书》是 7 部藏书中最完整的一部。因此，文澜阁本《四库全书》的历史文献价值高于文渊阁本、文津阁本和文溯阁本，成为“四库学”研究的重要资源。

经浙江有识之士的努力，历经沧桑的文澜阁《四库全书》得以幸存。但历经数代，曾珍藏于文澜阁的《四库全书》有许多封面硬化，书线脱落，部分书页已经发霉。若不及时抢救，这些典籍终有一天会成为一堆烂纸。为使文化瑰宝得以延续，最好的方法就是将《四库全书》重新整理出版。我们充分意识到，这是当代中国出版者的责任，也是200余年来我们浙人的四库情缘。

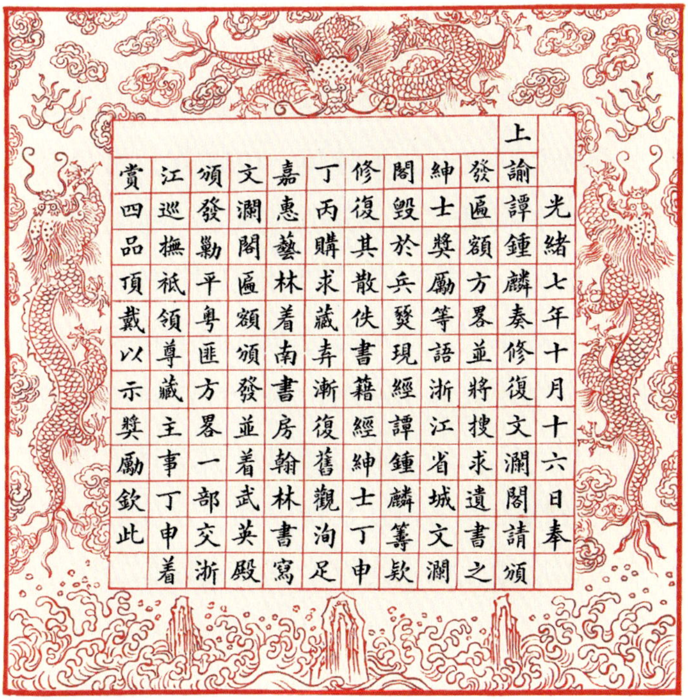

光緒七年十月十六日奉
上
諭譚鍾麟奏修復文瀾閣請頒
發匾額方畧並將搜求遺書之
紳士獎勵等語浙江省城文瀾
閣毀於兵燹現經譚鍾麟籌欵
修復其散佚書籍經紳士丁申
丁丙購求藏弆漸復舊觀洵足
嘉惠藝林着南書房翰林書寫
文瀾閣匾額頒發並着武英殿
頒發勦平粵匪方畧一部交浙
江巡撫祗領尊藏主事丁申着
賞四品頂戴以示獎勵欽此

光绪七年（1881）十月十六日复谭钟麟修复文澜阁奏请颁赐御题匾额、奖励搜求遗书之绅士的龙朱印上谕

二　捍卫“四库”的拳拳之心

“癸亥补抄”后仅十余年时间，1937 年，抗日战争爆发，11 月日军越过淞沪防线，12 月进攻杭州。日军数度轰炸杭城，库书又有再遭劫掠、焚毁之虞。时任浙江图书馆馆长的陈训慈，恐库书被炸，运筹帷幄，即命总务部赶制木箱及准备了搬运工具，将《四库全书》装成 139 箱，初迁钱江对岸的富阳渔山。但渔山与杭州仅一江之隔，渔山随时可听到日机的轰炸声，仍有安全隐患，遂决定库书再迁建德。到了建德心神未定，战事又吃紧，靠人担肩挑，以水运至金华，后雇车又转运至浙南的龙泉县内暂存。

1938 年 3 月，国民政府教育部做出决定，要求将文澜阁《四库全书》运至西南的僻远之地贵州贵阳保管，以避免战事殃及。

同时，教育部派浙江大学教授去龙泉协助徙运库书。危难时刻，作为浙江省的最高学府，浙江大学深知《四库全书》的重要性，协助浙江图书馆一起将库书西迁，踏上艰难的征途。经辗转浙、闽、赣、湘、黔5省，行程2500公里，历千难万险于1938年4月

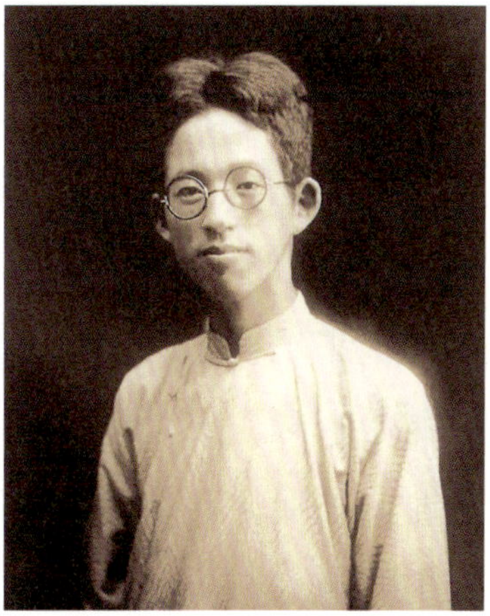
陈训慈像

文澜阁《四库全书》西迁途中歇脚

底抵达了贵阳西门外的张家祠堂贮藏。据奉命护书入黔的毛春翔先生所作《文澜阁四库全书战时播迁纪略》："自浦城至江山峡口，险路甚多，运输车中有一辆在离江山峡口不远处倾覆，十一箱翻落池中，虞君佩岚急往附近村庄雇粗工，入池起箱，另雇他车星夜运达江山县城。翌晨幸有太阳，借簟在城隍庙大天井中曝晒，书浸水中久，晒两日，水滢如故。絜非先生以运输时间迫促，不容久延，即命装箱，谓运抵长沙，再从容翻晒，余与佩岚未有异议。"另有前往保管库书的夏定域先生，言及落水之库书的处理："是头顶烈日，一本本翻晒，又逐册逐页细心揭开晾干，再装入箱，耗时数月之久。"其艰辛可见一斑。

自文澜阁《四库全书》抵达贵阳后，想得以安身，但日本侵略者的战火又燃烧到贵阳。1939 年春，日军动用飞机数十架突袭贵阳，狂轰滥炸，致使无数建筑被毁，人员伤亡数千。虽存放于西郊张家祠堂的库书暂未被殃及，却受到严重威胁。经教育部批准，又迅速移送较偏僻的地母洞贮藏。地母洞位于高山之巅，高有五丈，深约七十余丈，为天造之书库。然地母洞较为潮湿，藏书易发生霉变，故护书人员的主要工作是防潮晒书。逢太阳出，必轮番晒书，又在洞内不断加放大量石灰，日复一日，月复一月，周而复始，一晃 6 年。

1944 年 11 月，战事又进一步生变，日军突然长驱入黔，贵阳危急，库书存放的安全又成问题，陈训慈紧急约见教育部商谈，再次决定将库书迁蜀。12 月 8 日由战区司令部派出 6 辆大卡车，走了半个月的时间，把库书运至重庆青木关，藏于教育部部长公馆内。

1945 年 8 月，一场长达 8 年的抗日战争终告结束，日军无条件投降，文澜阁库书才得以安宁。1946 年 5 月，文澜阁《四库全书》从重庆青木关启程，又用 6 辆卡车分装，近 20 人押运，

库书藏进地母洞

取道川南入黔，经湘、赣，回乡返浙。历时五十余日，其间又历千辛而经万险。据毛昭晰《浙江图书馆志·序》中说：1994年我在日本京都读到日本学者松木刚的《掠夺了的文化——战争和图书》，才知道杭州沦陷后不久，日本的“占领地区图书文献接收委员会”于1938年2月22日派了九个人从上海到杭州，花了许多时间寻找文澜阁《四库全书》，想把这部珍贵的图书劫夺到日本，但他们的好梦落空了。从这一资料中可以看出，日本侵略者早就对文澜阁库书不怀好意，包藏祸心。在杭州沦敌的漫长岁月里，陈训慈等一批浙人为防止日军抢夺库书这一文化瑰宝，与众多国人一道，用自己的一腔热血，凸显了捍卫四库的拳拳之心，体现了一个民族不屈不挠、生生不息的奋斗精神。用这种精神孕育的这块中华大地，她的觉醒与复兴，将充满着雨露和阳光，自然会屹立于世界的民族之林。她的故事，一定是奇妙动人、可歌可泣！

三 出版者的艰辛之路

从历史的变幻中接过前人的接力棒，我感到了这份责任的沉重，也非常清楚，凝聚了几代浙人心血的文澜阁《四库全书》，让它发扬光大，责任大于金钱。作为一个出版者，我们也心存困惑：在这个“务实”的年代，像《四库全书》这种大部头巨著，且实用价值又不大，读者可买可不买、可看可不看的书会有市场吗？

于是我拜访了原浙江图书馆馆长、浙江省文物局局长、省人大常委会副主任、浙江大学教授毛昭晰先生，他对杭州出版社敢于担当整理出版文澜阁《四库全书》的勇气、决心表示敬佩和支持，指示我一定要以“杭铁头”精神完成这项工程来效国惠民。同时我还经常穿梭于北京、上海之间，先后走访了国务院古籍整理出版规划领导小组办公室、中国社会科学院历史研究所、中华书局、复旦大学的专家学者，咨询这些专家对整理出版文澜阁《四库全书》的意见。专家们均认为此举在中国出版史上意义重大，功德无量。

然而出版《四库全书》是一个浩大的工程，10亿字，38000卷要全部整理印制，需要投入巨大的精力和漫长的时间不讲，还要耗费4000万以上的资金，这对我们一个小小的杭州出版社来说，绝对是一个天大的困难。首先要解决的问题是：到哪里去找这笔巨额资金呢？仁兄卢兆林先生多次来我家，我总要与他商谈此事。

2004年3月，一个细雨过后的夜晚，我邀请了几位商界朋友到出版社对面的碧水心云茶楼小聚，告知杭州出版社计划整理出版文澜阁《四库全书》的消息和用意，居然触动了他们的神经，均表示要参与合作，都乐于出力。他们纷纷行动，有的在老婆枕头边吹风装小花脸，要来了钱，有的把自己的住房抵押贷了款，首批600万元的资金就这样顺利筹集到了。此时的我兴奋不已，走路都发飘，于是迅速将此项目上报了相关部门。

年过七旬的毛昭晰先生，为了能尽快地促成此项目的开展，奔走于浙江图书馆与浙江省文化厅之间，亲自召集会议并主持协调。经过多次商谈，于2004年5月，杭州出版社与浙江图书馆签署了共同合作整理出版文澜阁《四库全书》的协议。

毛昭晰先生

关于出版文澜阁《四库全书》的请示，由浙江图书馆迅速地送达时任浙江省文化厅厅长的杨建新手上。为郑重起见，杨厅长派金副厅长来杭州出版社做调研。杨厅长了解了杭州出版社近年来的发展势头，翻阅了两年来出版的具有浓郁地方文化特色的精品图书后，评价很高，认为杭州出版社有能力担当此重任，省文化厅同意，由杭州出版社来实施完成影印出版文澜阁《四库全书》的工程。

杨建新厅长

为此，杭州出版社迅速建立了出版文澜阁《四库全书》整理出版工作委员会。同时成立由专家组成的古籍整理组，承担制作的技术攻关任务，以完成拍照、制版、校对等工作。同时出版社还专门建立《四库全书》研究院，为完善《四库全书》整理出版提供意见。

由于历史等种种原因，文澜阁《四库全书》中有许多污损或残缺，有些专家的意见是，必须把缺书、缺卷、缺篇、缺页、缺行、缺字全部补上，对所缺部分，采用文渊阁本进行配补。但经过反复商议，最后还是坚持了“修旧如旧，保持原貌”的原真性原则。在讨论时毛昭晰先生强调说：“文澜阁《四库全书》，原来怎么样就怎么样，其本身价值就在于原真性。”

在出版过程中，要确保《四库全书》原书完好无损。从出版的角度看，若采用扫描方式，速度会比较快，但对原书会有伤害。出版社经反复调研，最后敲定采取用数码照相机拍摄，

库书书页已污损

数码照片可通过电脑技术进行处理和制版。于是我们迅速从香港购进了13台日本“尼康”相机，定制了13根1.5米长的手动快门线。出版社对有关人员进行了集中培训，工作有条不紊地开展了起来。

尼康相机在工作

为了保证高质量拍摄，我们会同社会的机械技术人员，专门为四库全书研制了10台能升能降、中间设有凹槽、能左右摇摆45度的翻拍架。别小看这机械设备，我们整整花了60天的时间来设计制作，为整个四库全书工程的启动迈出了必不可少的第一步。同时组织了15名摄影者从事翻拍，拍摄工作从2004年8月开始，到2005年7月，整整花了一年时间，终将文澜阁《四库全书》全部拍成了数字照片。

工作人员在自行研制的机架上操作拍片

文澜阁《四库全书》的整理制作过程并非一帆风顺。原书是朱丝栏，这次大胆创新，利用电脑技术把这些栏框和栏线全部整齐地统一。边空的留白和粗细的线条，使影印本的页面倍加精神而增添了美感。

由丁氏补抄的文澜阁《四库全书》本所用宣纸较薄，不如皇家抄本的宣纸厚，墨迹浓淡不一，两面互相透字严重，这是必须要解决的一大难题。制版技术人员经过反复摸索后确定了技术参数，先把墨迹加浓，后转灰度，再增加对比度、亮度。这样就可以把纸张上的一些杂点、污点都褪掉，然后通过电脑软件进行栏框、栏线和文字的处理，再把格子套到文字上合成。

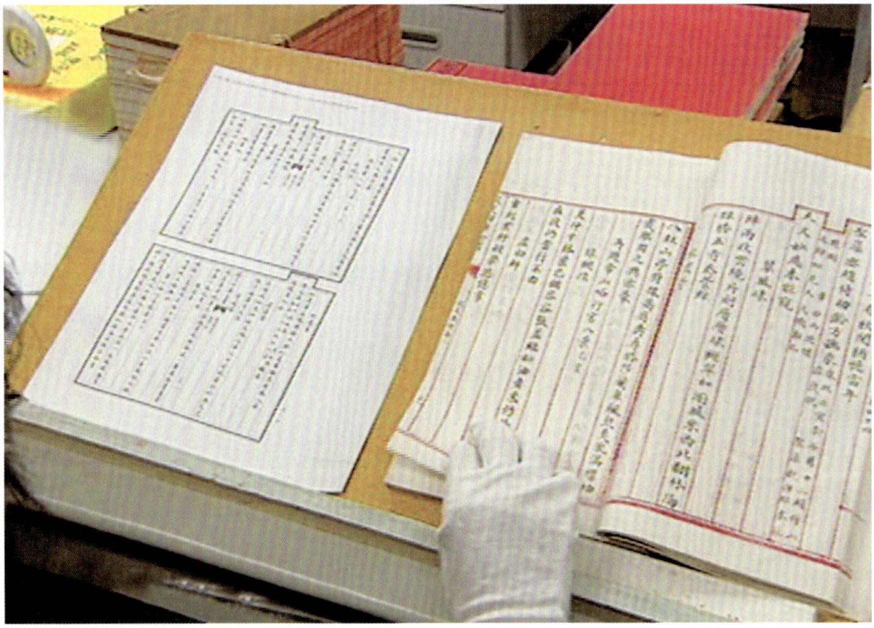

编辑们与原书核校

在《四库全书》中有很多小字和细线，笔迹较淡，不容易拍清楚。为了保证清晰度，拍摄者在背面垫上白纸，以避免下页纸的字迹影透过来，不断调试，再作重拍，周而复始，天天如此。

功夫不负有心人，当做出来的《四库全书》的影印样张拿到专家手上，他们看了后很惊讶，评价说：这套文澜阁《四库全书》的影印，不仅取得了美观的效果，而且达到了存真的目的。

2006 年 2 月 22 日，是一个晴朗的日子。早上 10 点 30 分，文澜阁《四库全书》（经部）开机印刷仪式在杭州富春印务有限公司隆重举行。我们欢呼雀跃，终于等到了这一时刻的到来。浙江省文化厅厅长杨建新，浙江省社会科学界联合会党组书记、副主席陈永昊，中共杭州市委宣传部常务副部长魏皓奔等领导及新华社记者虞云达先生分别在重印文澜阁《四库全书》首印对开张上签名见证。当晚，中央电视台晚间新闻播出了这一实况。

印制的文澜阁《四库全书》在生产线上

四 传承“四库”的历史香火

文澜阁《四库全书》整理出版工程自2004年仲夏启动以来，得到了社会各界的广泛关注。2006年1月8日，在汪庄召开的“文澜阁《四库全书》学术研讨会”上，时任中共浙江省委书记的习近平同志在会见来杭参加“文澜阁《四库全书》学术研讨会”的有关北京、上海等部级领导时，曾对这项工作给予肯定和鼓励。在这次会上，全国人大常委会副委员长顾秀莲，全国政协副主席周铁农均发来了贺信。来自北京、上海、台湾、美国等地的数十名专家学者，都对此盛举给予了很高的评价，认为杭州出版社开创了一个城市出版社担当国家出版重任的先河。时任上海市人大常委会主任龚学平先生在会上高兴地说：“这不仅是浙江省，而且也是全国出版界的一件盛事，一件大事，一项改革创举。”中央电视台晚间新闻，《人民日报》《光明日报》《中华读书报》《浙江日报》等重要媒体均作了报道。

上海市人大常委会主任龚学平亲临杭州出版社了解《四库全书》的出版情况

龚学平在出版社会议室与我亲切交谈

2006年9月8日，浙江省社会科学界联合会根据浙江省文化研究工程指导委员会专家评审审批，将文澜阁《四库全书》整理影印出版确认为浙江文化研究工程文献整理类重大项目。同月27日，时任中共浙江省委书记习近平批示："文澜阁《四库全书》博大精深，内容丰富。将其影印出版，这是文化建设的一件大事，对我省开展的文化研究工程具有重要意义。"并希望"把这项工作抓紧抓实抓好，争取早出成果"。2007年12月5日至9日，时任国家文化部部长孙家正带领的一行5人，来浙江进行提高"文化软实力"的考察调研，对杭州出版社文澜阁《四库全书》的整理出版工作给予了很高的评价，连声称赞此项工作做得好。

正当我们如痴如醉地沉浸在自己认为是在经历一项伟大的或者说是功德无量的事业时，我们忽视了金钱的重要性。于是噩梦也很快追随而来。首批筹集到的600万元很快用完了，出版社又贴进去500余万元。原以为只要项目好，资金不会成问题。头钻进，却没顾及尾巴会不会被夹牢。制版商无钱不干，造纸厂见不到钱不给纸张，印刷厂也只能停机。印出来的《四库全书》因不成套，只好静静躺在库内睡觉，数千平方米的仓库每年需要付近百万的租金，像虎口一样吞食我们，心惊肉跳。我们显得那样地苍白、无力、无能，出版工作告停。50余名工作人员分别遣散。我们像是一叶靠不了岸的小舟，苦苦而又顽强地在水中挣扎漂流……

转眼又到了一个寒冷的傍晚，当时与我一起合作的朋友邀我餐叙，情绪落到低谷的我还想抱团取暖，结果我想错了，他们是逼宫来了，他们想来要回他们投下去的钱。我的伤口像是被撒了一把盐，痛不欲生，久久说不出话来。当心慢慢地平静下来，作换位思考，我开始责问自己：他们当时投下去的钱是自己房子抵押的钱，四库做不成，难道还要害得他们无家可归不成吗？我怀疑自己是不是在作孽。

堆积如山的库书

整理出版文澜阁《四库全书》的工作现场

当一个人身处逆境的时候，要么因扛不住而趴下，要么拼命一搏。我们不想服输，选择了后者。苍天有眼，在最难过的时候，中共杭州市委、市政府通过财政下拨了 90 万扶持资金，省相关部门拨付了 40 万。在当时来讲，省、市政府是破天荒地给予了支持。因为财政事前没有这方面的预算，也没有哪个单位出一套书，政府能及时拿出这样一笔钱给予支持，从数额上讲，较以前算是碰顶了。市委宣传部又帮助协调了那些投资者的权益，使我们没有辜负当时支持我们的人，让我松了一口气。同时，时任中共浙江省委常委、中共杭州市委书记王国平，时任浙江省委常委、省委宣传部部长陈敏尔，时任中共杭州市委副书记叶明先后批示。时任中共杭州市委常委、宣传部部长张鸿建，常务副部长魏皓奔具体指导有关编纂工作。接着，继任中共杭州市委常委、宣传部部长翁卫军又给予热情帮助和大力支持。

文澜阁《四库全书》的整理出版工程，因具有较大公益性质，其社会效益和影响，是无法简单用金钱来衡量的。从古今中外的情况来看，类似的浩瀚传统历史文化书籍的抢救和整理出版工程，均由政府出资进行。2008 年 2 月省政协十届一次会议召开，我与其他 6 名省政协委员递交了《关于要求落实习近平同志指示精神，把文澜阁〈四库全书〉整理出版工程抓紧抓实抓好》的第 574 号提案。过了半年，提案总算有人出面答复了，答函首先称此项工作极有意义，省委省政府非常重视，表示他们已会商了省财政厅，根据省财政厅《关于省政协十届一次会议第 574 号提案会办意见的函》中有关“省财政将按照《关于印发浙江省文化研究工程专项资金管理试行办法的通知》(浙财政［2006］204号）规定中的最高补助标准，给予文澜阁《四库全书》的整理出版工作以资金支持”的意见，并根据项目进展情况，逐年分期再拨付，以予支持。答复人诚恳的态度使我们非常感动，心想这下又有希望了。

时光一天天流逝，转眼又过去了半年，一年，甚至过了两年，均毫无下文。其间去了相关部门问了情况，说主管领导换了人。该领导一问三不知，难沟通。2010年1月省政协十届三次会议召开了，会上我又递交了《关于再次要求落实习近平同志批示精神把文澜阁〈四库全书〉整理出版工程抓紧抓实抓好》第420号提案。结果祸闯大了，激怒了个别领导，我们被说成是个体户，骗国家的钱。钱没有要到反而被泼了一身脏水。我是个不会善罢甘休的人，我非常顶真，当晚撰写了《关于相关部门对省政协420号提案答复的反馈意见》，并上书省政协主要领导报告了情况，要求查清省财政规定下拨的款去向了何方。

在这个市场经济的社会里，什么都得讲钱，唯钱至上。什么社会责任、社会公德，有些人会全然不顾，中华优秀的传统价值观在他们身上沦丧殆尽。更有些官僚，一提到钱，他们的眼就会发亮，凭他们的好恶处事。让他们做正事，他们会装傻，犯糊涂，刚柔并施，云里雾里，打起了太极。

无奈之时，我们也在想为何会置于如此尴尬的境地。冷静反思后认为：第一，当时我们对自己的预算及面临困难的认识不足；第二，纸张物价上涨；第三，政府的扶持力度受制于当时政策的局限。十年前国家对整个文化事业定位还不清晰，文化发展的思路、规律正在探索之中。类似事业（公益）性文化和产业（企业）性文化如何定性、如何扶植尚不明确。文澜阁《四库全书》究竟应归属哪一类，或者二者兼而有之，均有待探讨研究。且当时政府对文化扶植相关的政策尚未出台，财政拨付相关机制也在转轨，加之政府所属相关部门需要履行程序较为复杂，人事变动太大，做事的难度自然也就大了。

一个人想要做点事难，做好事更难，难于上青天。为《四库全书》整理出版的事，毛昭晰老先生一直在为我们操着他的那份心，他经常打电话，有时还会直接上门听取汇报。正当我们感到快要绝望的时候，他老先生又站出来为我们鼓与呼。他多次找他当年的学生们谈《四库全书》，并亲自出面与绿城集团董事长宋卫平先生商讨给予支持和合作事宜。

对于老师的嘱托，我想作为学生的宋卫平心里着实有点为难，要从他口袋里拿出 3000 万元的钱来支持绝不是一个小数目。当时正遭受世界金融危机，国内经济实行调控，房地产市场不景气，一向把品牌视为生命的绿城人日子肯定也不会太好过。然而绿城人宋卫平以他的远见和魄力，以及他作为一个文化人的文化情结，敢于担当，毅然为这个社会挑起了本应不属于他所要肩负的那份责任，从经济上保证了文澜阁《四库全书》

的顺利出版。

为了推进此项目的顺利进行，宋卫平亲邀我见面，询问了相关的一些情况，嘱咐一定要把这项功德无量的事做好。在我的印象里，宋卫平大气、谦卑，与其说他是一名知名企业家，倒不如说他是一名十足的儒商。宋卫平早年毕业于杭州大学历史系，是科班出身，具有历史文化情怀，他血液里流的是一种文人的气息。他干事有激情，处事很淡定，骨子里没有铜臭味，是一个热爱生活，且对社会勇于承担责任的人。他经常对他的企业骨干讲，我们追求的不应该只是企业的盈利，应努力成为社会服务型的团体。他创办学校，建造医院，组建足球队（包括足球打黑），整理出版文澜阁《四库全书》，他说只要决定的事一定要做到。

2012 年 5 月 8 日下午，绿城九溪玫瑰园度假酒店会议厅布置得雍容端庄，绿城集团与杭州出版社合作出版文澜阁《四库全书》签约仪式在这里隆重举行。宋卫平率寿柏年、陈明等绿城班子成员盛装出席，彰显了绿城人的那种礼节、严谨、负责的职业精神。仪式上双方讲述了自己的感言，言语间的那种激动，催人泪下，鼓舞人心，给文澜阁《四库全书》的整理出版工作注入了新的活力，赋予了新的生命。于是，被耽搁停顿近四年之久的《四库全书》的出版工程如火如荼全面恢复启动。出版社又专门成立了工作班子，由副总编尚佐文负责该项工作，

在九溪玫瑰园举行的文澜阁《四库全书》合作出版签约仪式上，与宋卫平交谈

由郎震邦主任坐镇一线实施，古籍出版专家王立扬老先生又再次来为四库出力。全社上下配合，齐心协力。又经过三年的奋战，终胜利告捷。由此给我们一个启示：发展文化事业离不开社会力量的参与支持；做大做强文化事业也需要规范化、制度化、程序化。

我们共同为传承我们伟大国家、民族的优秀文化事业在努力，在付出。我相信这个社会会记住我们，人民会记住我们，历史也将会记住我们。

时任中共浙江省委常委、省委宣传部长黄坤明，在深圳文博会上参观文澜阁《四库全书》

是的，因为出现了丁氏兄弟，后又有了钱恂，因为有了张宗祥、陈训慈，又出现了具有历史文化情怀的宋卫平，也因为有了杭州出版社等一些社会的有识之士，文澜阁《四库全书》的文脉才得以延续、传承。

是的，也正是因为杭州出版社多年来以中国传统文化的挖掘、研究、整理为己任，出版的《西湖全书》（5000 余万字）、《运河全书》（2000 余万字），为西湖、运河申请世界文化遗产双双获得成功做出了贡献。策划、组织编写的《中国妇女通史》（10 卷本），2013 年 2 月荣获第四届中华优秀出版物奖，2013 年 10 月获第四届全国“三个一百”原创图书出版工程奖，2013 年 12 月又获得第三届中国出版政府奖提名奖，实现了全国出版界三大奖项的大满贯。杭州出版社的综合实力和美誉度得到空前提升。

历时十年的文澜阁《四库全书》的整理出版工程，入选为“2014 杭州文化建设十件大事”。虽历经坎坷，但事在人为。现已告一段落，却绝不意味着就此而结束，它的意义在于承前而启后，让历史不断开辟新纪元。我们的国家已经进入 21 世纪的今天，如何对我们中华文化进行开发和研究，弘扬我们中华民族之精神，用现代思维来融合当今的世界，实现中华民族伟大复兴之梦，是我们这一代和今后一代又一代人的义务和责任。过去的十年已经过去，未来的十年又将开始……

文澜阁《四库全书》
杭州出版社于2004年10月开始实施的文澜阁《四库全书》整理出版工程，历经10年磨难和艰辛，终于在2014年完成了这一浩大的出版工程。文澜阁《四库全书》共有36917册，10亿字，杭州出版社整理出版文澜阁《四库全书》工程项目，2005年被列为杭州市首批市级大文化产业发展项目；2008年被列为浙江省重大文化产业项目和浙江省文化研究工程文献整理类重大项目；2011年又被国家新闻出版总署列为全国新闻出版改革发展项目库项目。整理出版文澜阁《四库全书》，是抢救和传承中华传统优秀文化，开发浙江历史文化资源的一大盛举，也是促进文化大发展大繁荣的实际行动。

杭州出版社整理出版文澜阁《四库全书》的宣传页

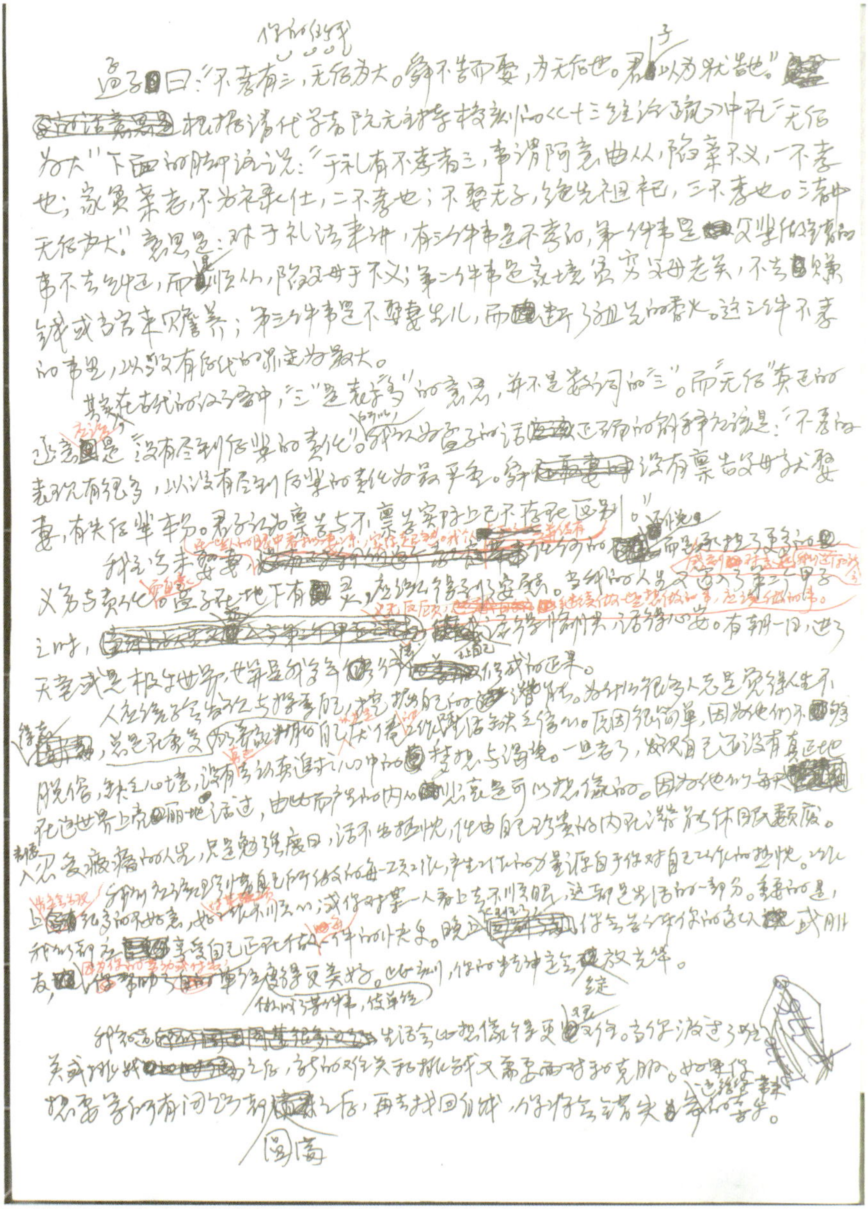
孟子曰："不孝有三，无后为大。舜不告而娶，为无后也，君子以为犹告也。"根据清代学者阮元刻本校刻的《十三经注疏》中在"无后为大"下面的脚注说："于礼有不孝者三，事谓阿意曲从，陷亲不义，一不孝也；家贫亲老，不为禄仕，二不孝也；不娶无子，绝先祖祀，三不孝也。三者中无后为大。"意思是：对于礼法来讲，有三件事是不孝的，第一件事是父母做错的事不去劝阻，而是顺从，陷父母于不义；第二件事是家境贫穷父母老矣，不去赚钱或当官来赡养；第三件事是不娶妻生儿，而断了祖先的香火。这三件不孝的事里，以没有后代的罪过为最大。

作者手稿

第六章
受任人民陪审员的心结

我在生活中结交了很多朋友。他们有的是法官，也有的是检察官，或是律师及从事法务的工作者。他们都特别的辛苦，即使是双休日，也难得见到，因为他们都在加班，压力巨大。在当今伦理颠倒、传统优良价值取向缺失、金钱唯上、法律意识淡薄的社会里，虽然他们得到了社会的普遍尊重，但仍有相当一部分人不理解。他们认为“大沿帽两头翘，吃了原告吃被告”，质疑了法律的公平正义。探究这种观点的原因，主要是我们的社会缺失了“三信”，即信仰、信任与信心。在新中国成立初期的那个年代，“三信”一点不缺，不管是干好事或是蠢事，人心齐，泰山移；改革开放年代，缺乏信仰和信任，无奸不商，但赚钱的信心倍足，只要有钱赚，什么事都可以干得出来；近十年来，这个社会“三信”全无，若再不引起重视，就会出事。

尽管我们很多人会对这个社会充满着惆怅，却也有一些坚定信仰的共产党人，他们付诸自己的实际行动，在为这个社会、为这个国家默默无私地奉献。浙江省高级人民法院就有这么一批优秀法官，为“两张叔侄强奸杀人案”、“陈建阳等抢劫、盗窃案”平反昭雪，成为共和国司法史上具有里程碑意义的事件。

2013 年 7 月，我向浙江省高级人民法院齐奇院长寄去了一封信函。

尊敬的齐奇院长：

我是一名政协委员。近年来承蒙贵院信任，常收到贵院寄来的简报，使我对浙江省法院的工作有一些了解。今年3月贵院对原审被告人张高平、张辉叔侄强奸杀人案的再审改判及本月初对陈建阳等抢劫、盗窃案再审纠错，引起了社会的强烈反响，老百姓拍手叫好。这种有错必纠、敢于担当的精神，增强了民众对司法的信心，重塑了党和政府的良好形象。

作为一名党的出版工作者和研究学者，我认为有必要对这些案件正反两方面的经验教训，进行认真的剖析和总结，应该在中国的法制进步史上留下一笔，也应该成为党的群众路线教育实践活动的活教材。

此想法不知当否？方便时向您当面汇报。我心中藏有两句话也想向您讨教：

第一，作为省高院的院长，是什么力量让您顶住压力去纠错？

第二，省高院如何培养出了这么尽心尽职、忠于职守，且又让人肃然起敬的法官？

从近期重审纠错的两桩案子看，前者可以说是中国法制史上的里程碑，后者以“事实不清、证据不足”改判，虽留有遗憾，但您们毕竟又跨出了一步。社会上的有识之士均已感受到了您们的压力。

人民相信您们，期待着您们继续前行！

谨此

敬礼

徐海荣

2013年7月于杭州

齐奇院长很快收到了我的去信，指示省高院相关部门领导传阅。没想到，我一封普通的人民来信，会引起齐院长的重视。很快我又接到了省高院打来的电话，说高院定于7月19日下

在浙江省政协十届一次会议上

午邀请浙江省政协领导及社会法治委和我到省高院作调研，并听取省高院关于冤错命案的剖析及建议的工作报告。

齐院长在会议上说：“省高院党组结合正在开展的党的群众路线教育实践活动，深刻反思冤错命案的病灶病根之所在。痛定思痛，将坚守防止冤假错案底线，作为边学边整改的自选动作之一。发动全院刑事法官从严查找原因、汲取教训……”齐院长总结了 2009 年以来我省查处的三起冤错命案。“一是吴大全杀人案。2006 年 9 月，慈溪市长河镇垫桥村一老妇人被杀死在小店内。吴大全因此被判处死缓。后因真凶自首于 2009 年被撤销死缓刑判决。二是张辉、张高平强奸案。2003 年 5 月 19 日早上，杭州市西湖区留泗路旁水沟内发现一具赤裸女尸。张辉因此被判处死缓刑，张高平被判处有期徒刑十五年。后因发现疑凶于 2013 年 3 月被

张辉、张高平强奸杀人案再审现场

宣告无罪。三是陈建阳等劫杀案。1995年3月20日和8月12日，杭州萧山先后发生两起出租车司机被杀案。陈建阳、田伟冬、王建平、朱又平因此被以抢劫罪判处死缓刑，田孝平被判处无期徒刑。后因发现真凶于2013年7月被依法纠正。”

齐院长还研究阐述了冤错命案的主要特点，剖析了冤错命案之原因，提出了防范对策和建议。这体现了人民法院认真践行司法为民，维护公平正义，为建设法治浙江、平安浙江和“两富”现代化浙江提供强有力司法保障的勇气与决心。

2014年深秋，我又收到了省高院寄来的一份函件，征求我是否有意愿到基层法院当一名人民陪审员的意见。我欣然同意，并当场填写回执。因为我认为，这是我们的国家在逐步建立法治社会进程中，赋予每个公民的义务与权利。2015年7月30日，经杭州市西湖区人民代表大会常务委员会第三十一次会议审议通过，下达了第222号任命书，任命我为西湖区人民法院的一名陪审员。

一　正义的呼唤

2013 年 3 月 26 日，浙江省高级人民法院宣布，撤销了一起发生于十年前的冤错命案。背负“强奸杀人罪”的安徽张辉、张高平终于洗清冤屈，重见天日。此消息详见各大报端，成为百姓的一大话题。带着对法官的一颗敬仰之心，听他们陈述了有关案件的一幕幕往事，看了他们公布整个案情再审的如下书面材料。

2003 年 5 月 19 日，杭州市公安局西湖区分局刑侦大队接到群众报警称，当日上午 10 时许，在西湖区留下镇留泗路东穆坞村路段水沟内发现一具赤裸女尸。经查，张辉、张高平有重大犯罪嫌疑。同年 5 月 23 日，西湖刑侦大队对张辉、张高平刑事拘留，后张辉于 5 月 28 日、张高平于 6 月 18 日先后供述了强奸杀人的作案经过，案件告破。

蒙冤的张辉（右）、张高平（左）

原判认定的事实和判决情况：原一、二审判决认定：2003年5月18日晚9时许，张辉、张高平驾驶皖J-11260解放牌货车送货去上海，途中经过安徽省歙县竹铺镇非典检查站时，遇要求搭车的同县女青年王冬，张高平同意将王捎带至杭州市。当晚12时左右，该车到达临安市昌化镇停车休息片刻，于次日凌晨1时30分到达杭州市天目山路汽车西站附近。王冬借用张高平的手机打电话给朋友周荣箭要求其前来接人，周荣箭让王冬自己打的到钱江三桥后再与其联系。张辉见此遂起奸淫王冬的邪念，并将意图告诉张高平后，驾车调头驶至杭州市西湖区留下镇留泗路东穆坞村路段僻静处停下，在驾驶室内对王冬实施强奸。王冬挣扎，张高平即应张辉要求按住王冬的腿，而后张辉采用掐颈等暴力手段对王冬实施奸淫，并致王冬因机械性窒息死亡。随后，张辉、张高平将被害人尸体抛于路边溪沟，并在开车逃离途中将被害人所携带的背包等物丢弃。

杭州中院一审判决认为，被告人张辉因被害人孤立无援而产生奸淫之念，并与被告人张高平沟通后，采用掐颈等暴力手段，对王冬实施强奸并致其窒息死亡的行为，两被告人均已构成强奸罪。公诉机关指控罪名成立。张辉刑满释放后五年内又犯本罪构成累犯，应依法从重处罚。两被告人的犯罪行为给附带民事诉讼原告人造成的经济损失，其合理合法部分应予以赔偿，遂于2004年4月21日做出（2004）杭刑初字第36号刑事附带民事判决：（1）被告人张辉犯强奸罪，判处死刑，剥夺政治权利终身；（2）被告人张高平犯强奸罪，判处无期徒刑，剥夺政治权利终身；（3）被告人张辉、张高平各赔偿附带民事诉讼原告人经济损失人民币5000元，互负连带责任。

省高院二审判决认为，本案与死刑案件办成“铁案”还有距离，鉴于本案的具体情况，张辉尚不属必须立即执行死刑的罪犯，遂于2004年10月19日做出（2004）浙刑一终字第189号刑事附带民事判决：（1）驳回附带民事诉讼原告人王朋里、吴玳君的上诉；（2）撤销一审判决中的量刑部分，维持判决的其他部分；（3）被告人张辉犯强奸罪，判决死刑，缓期两年执行，剥夺政治权利终身；（4）被告人张高平犯强奸罪，判处有期徒刑十五年，剥夺政治权利五年。

省高院二审判决宣告送达后，张辉、张高平分别被送往浙江省第三监狱和第四监狱服刑。而后，张辉被省高院减为无期徒刑，剥夺政治权利终身。后张辉、张高平分别被调遣至新疆生产建设兵团库尔勒监狱、石河子监狱服刑，张辉被减刑两次，张高平因否认犯罪而拒绝减刑。2013年1月19日，省高院将张辉、张高平从新疆换押至浙江省乔司监狱。

立案复查情况：张辉之父、张高平之兄张高发不服原判，以张辉、张高平是冤枉的，科学的DNA鉴定反映，不能排除其他人致死王冬等为由，向省高院提出申诉。两被告人家属也到省高院来访。省高院窗口接待人员每次均给予认真接待和登记，认为本案有诸多疑点，便借2010年的信访积案大排查活动之机，进行调卷审查，但鉴于当时并无新证据出现，很难对该案予以再审。2012年初，省高院畅通刑事案件申诉复查渠道，将该案列入首批重点案件复查范围，并于2月27日主动立案复查。

省高院复查期间，合议庭做了大量的阅卷调查核实工作。尤其是2012年6月29日获悉杭州市公安局有DNA比对新结论后，合议庭快速开展工作，先后两次走访杭州市公安局刑侦支队、三次走访杭州市政法委，调取有关材料，积极与省、市有关司法机关沟通协调，多次走访技术鉴定专家，调查“狱侦耳目”，赴杭州市出租汽车管理处、安徽省歙县被害人家、河南省高院、鹤壁中院等地调查，还到新疆提审了张辉、张高平。

省高院复查期间，相关领导对该案的复查纠错工作多次做出重要批示。2012年10月19日，省高院齐奇院长指示：合议庭应顶住压力，排除干扰，加快办案节奏，本案的复查、再审对扩大正能量，减少负能量，对“疑罪从无”的司法理念在不久将来会产生正面效应；再审过程也就是大家业务水平提高的过程，案件审理一定要经得起历史检验。此后，省检察院将陈云龙检察长在该院有关部门报告上的批示转至省高院，陈检察长批示：该申诉案是新疆石河子检察机关转来的，客观证据严重缺失，疑点很多，请齐院长阅示。齐奇院长 11 月 2 日批示：坚持忠于真相，忠于法律；抓紧研判，提出意见；鉴于河南冤案与本案使用同一人袁某，搞狱侦诱供，一并注意了解；本案 DNA 复查比对的“真凶”嫌疑人勾某，其相似作案手段情节，已因另案判死刑执行；如属错案决定纠正，还需提出一揽子善后安抚方案。最高法院领导和夏宝龙、李强等省领导非常重视，多次做出重要批示，要求一定要实事求是，依法纠正，深刻反思，吸取教训，坚决杜绝此类案件再次发生。省委政法委也多次组织省市区政法单位协调再审启动时机、舆情应对、张辉和张高平换押回浙江、善后等工作。

2013 年 2 月 5 日，此案经省高院审判委员会讨论，认为本案出现了新的犯罪嫌疑人勾海峰；本案使用“狱侦耳目”不当；原审被告人有罪供述的客观性、真实性存疑等情形，申诉人张高发的申诉符合刑事诉讼法第二百四十二条、第二百四十三条第一款之规定，决定本案由省高院另行组成合议庭进行再审，并于次日做出（2012）浙刑申字第20号再审决定书。

再审情况：3月20日，省高院在乔司监狱依法不公开开庭审理了本案。

再审中，原审被告人张辉、张高平及其辩护人均提出，再审阶段的新证据相关DNA鉴定反映，排除张辉和张高平作案，不能排除有其他人致死王冬。两原审被告人在被刑事拘留后长时间被非法关押。原一、二审判决认定张辉、张高平犯罪的事实，主要证据是两人的有罪供述，但两人的供述包括指认现场的笔录系侦查机关采用刑讯逼供等非法方法收集，公安机关对其收集证据的合法性至今未提供充分的证据予以证明，应依法予以排除。侦查机关还违法使用同监犯袁某某采用暴力、威胁等方法参与案件侦查，协助公安机关获取张辉有罪供述，同时又以该同监犯的证言作为证据，直接炮制了本起冤案。要求依法改判张辉、张高平无罪。

出庭检察员认为，本案没有证明原审被告人张辉、张高平强奸杀人的客观性直接证据，间接证据极不完整，缺乏对主要案件事实的同一证明力，没有形成有效的证据链。重要的技术鉴定不能排除勾海峰作案的可能。公安机关在侦查本案时，侦查程序不合法，相关侦查行为的一些方面确实存在不规范或个别侦查人员的行为存在不文明的情况，不能排除公安机关在侦查过程中有以非法方法获取证据的一些情形。本案定案的主要证据两原审被告人的有罪供述，依法不能作为定案的依据。应宣告两原审被告人无罪。

省高院经再审查明，原判定2003年5月18日晚9时许，被害人王冬经他人介绍搭乘张辉、张高平驾驶送货去上海的皖J-11260解放牌货车，途经临安市昌化镇，5月19日凌晨1时30分到达杭州市天目山路汽车西站附近，同日上午被害人发现遇害，尸体被抛至杭州市西湖区留下镇留泗路东穆坞村路段路边溪沟的事实清楚。

但再审查明，原判认定原审被告人张辉、张高平犯强奸罪的证据，现已查证不实。

1. 有新的证据证明，本案不能排除勾海峰杀害被害人王冬的可能。

根据杭州市公安局2003年6月23日做出的《法医学DNA检验报告》，所提取的被害人王冬8个指甲末端检出混合DNA谱带，可由死者王冬和一名男性的DNA谱带混合形成，排除张辉、张高平与王冬混合形成。

张辉（左二）、张高平（右二）与律师们

杭州市公安局于2011年11月22日将王

冬 8 个指甲末端擦拭滤纸上分离出来一名男性的 DNA 分型与数据库进行比对时，发现与勾海峰 DNA 分型七个位点存在吻合的情况，遂将此结果送公安部物证鉴定中心再次进行鉴定。2011 年 12 月 6 日，该中心出具《物证鉴定查询比对报告》表明，经查询比对，王冬 8 个指甲末端擦拭滤纸上的 DNA 检出的混合 STR 分型中包含勾海峰的 STR 分型。根据对公安部物证鉴定中心和上海司法部司法鉴定中心等有关专家的调查走访，目前对混合 DNA 鉴定结果有三种，分别为包含（也就是不排除）、排除、得不出结论。DNA 鉴定的位点，当时的技术做到 7 个位点已经很不错，DNA 有 7 个以上位点同一，基本上可以确定犯罪嫌疑人。杭州市公安局对相关样本和数据保存得比较好，被害人王冬 8 个指甲末端擦拭滤纸上的混合 STR 分型和勾海峰的 STR 分型质量都比较高，均达到 1000 以上峰值，图谱显示非常清晰。该局对王冬 8 个手指中混合 DNA 分型与勾海峰 DNA 分型的似然率进行过计算，似然率达 10-10。本案分析出来的数据显示，在这么多人中只对上了勾海峰一个人，可能性和概率还是非常大的。上述鉴定意见具有科学依据，符合客观性的要求。此外，本案作案手段与勾海峰杀害吴晶晶的手段基本相似。由于出现的新证据显示勾海峰在本案中具有重大作案嫌疑，这使得本案定案的根基发生根本性动摇。

罪犯勾海峰是吉林省汪清县人，2002 年 12 月 4 日开始在

真凶勾海峰

杭州市从事出租汽车司机工作，2005年1月8日晚7时30分许，其利用驾驶出租汽车的便利，采用扼颈等手段将乘坐其出租汽车的浙江大学城市学院学生吴晶晶杀死并窃取吴随身携带的财物。2005年4月22日，勾海峰因犯故意杀人罪、盗窃罪被终审判处并核准死刑，剥夺政治权利终身，并处罚金人民币1000元，于同月27日已被执行死刑。

2. 原判据以认定案件事实的主要证据不能作为定案依据，依法应予排除。

原判认定原审被告人张辉、张高平强奸的事实，主要依据两原审被告人有罪供述与现场勘查笔录、尸体检验报告反映的情况基本相符来定案。经再审庭审查明，公安机关审讯张辉、张高平的笔录、录像及相关证据证明，本案不能排除公安机关存在以非法方法收集证据的情形。

（1）存在对犯罪嫌疑人不在规定的羁押场所关押、审讯的情况。原审被告人张辉、张高平均于2003年5月23日被刑事拘留，后张辉于5月29日送往杭州市拱墅区看守所羁押，张高平于5月30日送往浙江省看守所羁押，在送看守所之前的六七天时间里，两原审被告人均被关押在西湖区公安分局的办公室里进行审讯，违反公安部分别于1991年10月5日、1998年5月14日公布施行的《公安机关办理刑事案件程序规定》和《中华人民共和国看守所条例实施办法（试行）》的规定。

（2）本案使用“狱侦耳目”作为侦查手段，使原审被告人有罪供述的真实性、客观性存疑。原审被告人张辉关押在西湖区公安分局期间，至2003年5月28日、29日作了有罪供述，即第4份（5月28日）和第5份（5月29日）笔录。但其这两次供述均存在反复且供述的一些细节，与现场勘查笔录存在矛盾。在其5月29日羁押至拱墅区看守所“狱侦耳目”袁连芳介入之后，张辉此后的有罪供述趋于稳定，上述的矛盾之处逐渐消除。原审被告人张高平2003年5月30日进入省看守所羁押（张高平尚未作有罪供述），7月10日离开该所。张高平的首次有罪供认，出现在其于2003年6月17日写的自书笔录中，首份有罪供述的讯问笔录是6月18日，此后从6月18至6月28日还有四份有罪供述的讯问笔录，张高平有罪供述的细节逐渐与现场勘查笔录、尸体检验报告等客观证据所反映的情况相吻合。张辉、张高平反映：当其说没有犯罪不会写交代材料时，“老大”就说帮其写，写好以后叫其抄，其不肯抄，“老大”就打其，“老大”对事情经过非常清楚，经“老大”教后其有罪供述就越来越详细了。张辉还称，指认现场时，就是按照袁连芳先前画好的路线图去指认的。袁连芳在本案中所实施的贴靠手法与其在河南鹤壁马廷新案件中所实施的行为非常相似。

（3）原审被告人张辉、张高平在侦查阶段从不承认犯罪，到承认犯罪，又否定犯罪多次反复，到检察机关审查起诉阶段和一、二审审理时全面翻供，均认为以前的有罪供述系遭到刑讯逼供、诱供所致。从讯问笔录和两张的审讯录像显示，侦查人员在审讯过程中存在“先入为主”，以威胁、引诱、欺骗以及其他非法方法收集证据的迹象。张辉于2003年5月28日首次供认有罪的审讯录像并非全程录像，中间有两段中断，分别有一个多小时的中断和三个多小时的空白；录像反映，16时23分，当其中一名侦查人员问张辉，右眼下鼻梁右侧伤痕怎么回事时，张辉用手指摄像机后面的人讲，是昨晚这个人打的，录像显示张辉右眼眶似有瘀青，在场审讯人员没有反驳和否认。本案再审阶段，西湖区公安分局向省检察院出具的书面报告中承认，对审讯录像上显示的张辉脸上的伤疤，何时形成如何形成无法查清。在两张的审讯录像中，两张出现极度疲惫的状态。

（4）根据张辉的供述和省检察院对西湖区公安分局有关人员的调查反映，张辉先后被安排三次现场辨认。前两次辨认既没有录像也没有制作辨认笔录，更看不出有没有请见证人。2003年6月11日第三次现场辨认，镜头切换频繁没有连续性，且只有录像没有声音，从录像中无法看出是张辉指引侦查人员进行现场辨认，且此次辨认也没有单独制作辨认笔录，而只是在当天辨认回来后的审讯笔录中有辨认情况记录，辨认也没有见证人。对于张高平6月19日指认现场，公安机关虽然邀请人大代表金明亮、章玲华参与见证，而且辨认后公安机关还对金明亮制作询问笔录，证实当天是犯罪嫌疑人指引民警开车到达作案现场及抛尸现场，但两见证人在接受一审承办人调查时却称，两人驾车跟随公安车辆进行了见证，或没有下车，或距离嫌疑人十几米处，没有听清嫌疑人与公安人员具体说了些什么，见证没有实际意义。

省高院于3月26日上午在乔司监狱公开宣判：（1）撤销本院（2004）浙刑一终字第189号刑事附带民事判决和杭州市中级人民法院（2004）杭刑初字第36号刑事附带民事判决及本院（2006）浙刑执字第953号刑事裁定；（2）原审被告人张辉、张高平无罪；（3）驳回原审附带民事诉讼原告人王朋里、吴玳君的起诉。

张辉、张高平“强奸杀人案”的再审改判终于结束了。这起冤案的酿成，有着深刻的教训。究其原因，我们的司法迄今尚未完全建立以审判为中心，能够保障依法独立做出判决的刑事司法机制。主要表现为：一是办案轻程序，存在明显的瑕疵而勉强下判；二是宁左勿右，不是“疑罪从无”而是“有罪推定”

或“疑罪从轻”理念指导办案，公平正义难以实现；三是侦查、检察、法院三方配合的多、扯皮的多，制约的少，应该排除的非法证据认为不便排除；四是办案人员缺乏科学知识，对证据的判断出现误差；五是对错案责任人没有实行追责；等等。所以冤错命案就容易发生。

纠正错案，不光是翻案了之，而是应当包括对责任人的处理。在封建时期的清朝，杭州也曾发生过一桩轰动全国的“杨乃武小白菜”案。为此，慈禧太后一口气摘掉了从刑部侍郎、巡抚、知府、知县等100多人的顶戴花翎，并永不叙用，其中30多人还被充军或查办等刑事处理。那么，我们为什么对冤案的责任人难以进一步追责呢？其中一个原因，我想恐怕就是缺乏严格的独立办案和审判的制度，因此一旦出现冤案，责任就难以追究。张辉、张高平“强奸杀人案”冤案，值得我们再深思。

再审庭裁定原审被告人张辉、张高平无罪释放

二 时代的需求

21 世纪的中国，普法教育应成为我们每个中国公民的自觉行为。一个个人、一个单位、一个国家，若不能正常地依法办事，就会乱套。在当今继续推行改革开放、建立社会主义市场机制的大背景下，经济转型、企业转制、各种利益关系调整的关键时刻，社会矛盾会更加突出。在这种情形下，全民实行普法教育，对于推动我国的政治、经济、文化和社会的各项事业的发展，将起到积极而重要的作用，同时为构建和谐、稳定的中国社会将发挥保障作用。

普法的教育工作，首先要加强研究的理论性，而且要注重社会的实践性。只有做到了理论清醒，才会做到行动自觉。因此一定要从具体的事务中解脱出来，进行必要的理论研究。研究要源自创新的思维来推动、来谋划、来部署，在理念、机制、手段、方式、内容等各方面有所突破，为实行依法治国的基本方略，建设我们的法治国家而努力。

普法的教育工作，也要坚持把学法与依法管理相结合，自觉依法规范自身行为，以提高我们国民的法律素质和依法管理的水平。遗憾的是，我们这个国家在经历了上千年的封建统治后，法律意识不强，主动学法的不多。近年来，虽依法维权意识有所提高，但一旦合法权益遭受侵害时，不是拿起法律的武器，更多的还是凭感情关系，靠人脉圈子来处理。所以，要促进社会法治化的建设，推动形成全社会崇尚法治精神，自觉形成学法、守法、用法的良好风尚，已成为时代的需求。

踏遍青山，赶上时代的步伐

中国有一个知名的企业家叫褚时健，曾任云南省红塔集团董事长，是中国最著名的“烟草大王”。他把一个破落的地方小厂，打造成创造利税近千亿的亚洲第一烟草企业，成为地方财政支柱，先后被授予全国优秀企业家、全国劳动模范、全国“十大改革风云人物”等殊荣。褚时健在执掌红塔的18年中，为国家创造的利税高达991亿，加上红塔的品牌价值400多亿（其他品牌价值还未估），他为国家创造的经济价值至少有1400亿。

当时，褚时健是全国最红的国企“老板”，亦成为烟草行业的“教父”。他抓住了烟草专卖制度在云南改革的机遇，跳过烟草公司直接和烟农签约，再绕过供销局、地方烟草专卖局，自己铺设了专卖店。经销商一旦得到他的批条，就能发财。他缔造的红塔帝国，不知造就了多少百万富翁、千万富翁，为多少人解决了吃饭问题。因此，褚时健也成为了声名显赫的企业大亨。

褚时健笑得很尴尬

然而，功勋卓著、事业正处于巅峰的褚时健，当时在90年代国家还尚未对国企领导人实行相应的市场激励机制，褚时健每月的工资只有3000元。

当他得知新的接替者要来上任，意味着自己的大权即逝，想想自己已经辛苦了一辈子，不能白苦，决定私分了 300 多万美元。于是，被人告到了法庭，被判处了无期徒刑。

我们大家都在为失去一位优秀的企业家而感到惋惜。红塔集团的很多人却认为，褚时健是在不该拿钱的时候，拿了他应该拿的钱。他虽带领红塔集团一路辉煌走来，但他的贪污问题在红塔集团史上也留下了污名，对他本人也带来抹之不去的伤痛。今天我们不禁要问：为什么一个对国家贡献巨大的经营管理者，会蜕变成阶下囚？为什么社会上有大量的人为其喊冤，又有人为其叫好呢？原因有四。

一是社会转型，决定了人们的思想意识改变。国有企业，在计划经济年代，人人平等，企业生产的目标只要是符合国家、人民的物质需求就行。改革开放后，我国实行从计划经济到市场经济的转变，企业生产的目标也因此转向了以盈利为目的，以市场为需求的生产。在这个转型的时期，人的价值观、思想观和对社会的责任感均发生了深刻的变化，一切“向钱看”成为生产经营者的时尚，传统的“为人民服务”思想就被抛之殆尽。私欲的膨胀，物质的诱惑，使人变得很现实，拼命去追求个人的财富和物质的享受。

二是缺乏相应的监管机制，唯我独大。由市场经济取代了计划经济的社会转型，体制变了，人的观念变了，企业的角色变了，而相应的政策和法律则显得滞后或多变。企业没有能严格按公司法规定建章立制，而是一人说了算。什么董事会、监事会均形同虚设。董事长唯我独尊，出行壮观，形如封建帝王。

三是分配制度不公，有失心理平衡。随着改革开放的深入，一部分人先后都已富了起来。很多民营企业，搞活搞大，取得了丰厚的利润，完成了原始积累。而作为主导经济的国有企业的改革却步履艰难，像红塔集团年上缴利税百亿元的企业老总褚时健 18 年的收入不足百万。与外企相比，有天壤之别。如美国的迪士尼和可口可乐公司，他们的总裁年收入均在 800 万美元以上，还另加数千万或上亿美元的购股权。而作为红塔集团的最高管理者，他的付出与收入不成正比。巨大的差异使他内心严重失衡，一经失足千古恨。

四是没有摆正自己的位子，是一个法盲。褚时健案件给了我们一个深刻的启示，一个企业家不学法、不懂法，而不守法，最终将受到法律的制裁。作为国企的领导人，你是代表国家来管理经营，这个企业你只有管理权，而没有所有权。具体说只是为国家打工的一个职业经理人，而他却把自己当成了“老板”。于是就闯出了大祸，酿成了一场无法挽回的悲剧。

三 遭遇的两场官司

杭州出版社是一家文化单位，对于一般人的理解来讲，应该是一个温文尔雅，和风细雨，坐而论道的地方。但如今世道变了，什么样的鸟都有，有些事根本是无可理喻的。我这个人嘴是够硬的，心却很软，往往会自觉不自觉地做起了东郭先生。我们省里有一位老领导，也是菩萨心肠，介绍在他家做过的保姆来杭州出版社做个保洁员，以求个依靠。该保洁员为江西一村姑，四十多岁了，生育了四个子女，两男两女。丈夫跟别的女人跑了，家里七颠八倒，怪可怜的。员工们出于同情，纷纷献爱心，捐钱、捐物。出版社不仅管吃管住，还管上了她的福利，也算是我们对社会尽的一份责任。

但是，好心未能得到好报。当她到了五十岁的退休年龄，态度就来了个大转变。我们帮她解决了住宿，她说她 24 小时都在单位，要求补发另 16 小时的加班费，当初她来的前三年时间，在外身兼数职，明明是劳务工的性质，事后又翻脸说出版社欠了她的社保，隔三岔五地来找麻烦。最后干脆一纸诉状把出版社告上了法庭。2014 年 11 月 7 日，杭州市西湖区人民法院依法受理了此案，并公开开庭进行了审理，宣判驳回了其诉讼。

上诉人因与被上诉人杭州出版社劳动争议一案，不服杭州市西湖区人民法院的判决，向杭州市中级人民法院提起上诉。杭州市中级人民法院受理后，依法组成合议庭进行了审理。驳回上诉，维持了原判。照理说此案已审理终结，是非有个了断。可上诉人屡败屡战，不服杭州市中级人民法院的民事判决，又向浙江省高级人民法院申请再审。浙江省高院依法组成合议庭对本案进行了审查。审查终结裁定：驳回上诉人的再审申请。

想想还真有点生气

此案上诉人从上访、提起仲裁至上诉区院、市院、省高院，前后历时五年时间。虽画上了一个句号而圆满落幕，但给我们带来的教训极其深刻。说明这个社会最终还是讲正义的。我们的那颗善良而赤诚的心仍然没有被玷污。我是一名出版社的社长，每天都会有大量的事务需要处理，忙都忙不过来，想不到还莫名其妙地被缠上了官司，苦不堪言。好在法院也是一个可以磨炼人的地方，它让我懂得了善恶，也使我明辨了爱憎，产生了对法的敬畏，增强了法的意识。

法律是一种最低限度的道德律，只要我们这个国家的人民对法律都产生一种敬畏感，正义社会的道德秩序自然就会形成，法律就会成为我们民众的信仰，我们的道德心灵就会得到净化，法治中国的建设就大有希望。

无独有偶。前事刚刚平息，新的麻烦又来了。一天下午，我接到了下城区人民法院的电话，说我社一名退休员工提交了劳动争议纠纷的诉讼。法院要核对案件受理通知书送达的有效地址。此刻的我心情非常平静，再也没有像以前那样显得那么地激烈或不快。因为我坚信了正义社会的法治。我认为一切所谓说不清、道不明的历史遗留问题，只有通过法律的诉讼来审理解决。这是件好事，这应当看作是社会的一种进步。

上诉人原为本社的一名职工，从事图书的发行工作。在竞争上岗，双向选择中落聘。从原来的发行部主任的职务下来，做具体的经营，成为一名普通的业务员。他要求在发行部下设一个经营部，冠以一个经营部主任的头衔来开展工作。这个部实际上只有他自己一人，单位无非是要求他将他任上所欠的公款收回来。后因他自称其身体欠佳完不成任务，主动写报告下岗待聘，要求在下岗待聘期间仍然负责追讨欠款，其间工资要全额照发，也要允他外面打工。单位为照顾他，息事宁人，对他网开了一面。

一年多时间过去了，结果单位的钱一分没有收回来。他在外面给人打工卖书却干得很欢。单位工资一分不少拿，外面再赚一块，并还要社里再给他补贴电话费。该给的已经给了，不该给的也给了。常理上讲他本可以安耽了，但他并没有满足，把单位对他的仁慈视为对他无奈，经常上访或举报，唯恐天下不乱。他有一个逻辑，老子天下第一，你们能奈何得了我！

是非一定要分清

2014 年，杭州出版社深化体制改革。上诉人以曾是从事高温工作的工人为由，要申请提前退休。当时他才55岁，为了满足他的要求，按他自己申请一直沿用的中级技工职级（当时技术职级的工资要比行政职级的工资高），单位东奔西跑，于2015年1月，帮他办妥了相关的退休手续，可谓仁至义尽。但人对利益追求的欲望，往往是无休止的。人虽然退休了，工资也在社保拿了，而心却还留在了出版社。因为逢年过节就可以回出版社拿福利，而且要与在职员工一样，一点不能少。出版社就像一头牛，牛身上的毛，他认为只要我是你出版社的人就可以随便来拔。他以为这些钱是天上掉下来的，不是创造出来的，不拿白不拿。好在出了八项规定，出版社才免除了许多麻烦。

要严格按规矩办事

近年来，所有的单位或企业，均要严格按照规矩办事，包括员工福利的发放问题。裤带勒紧了，也许不该拿的好处没了，怎么办？他虽然已经退休了10年，如今又开动起了聪明的脑袋，状告出版社。开始去仲裁，仲裁被驳回，又去法院。说出版社帮他办退休时把他的职级搞错了（因现行政职级工资要比原技术职级工资提高了），所以他把我们告上了法院，想通过法院来帮助他调整提高退休工资，并要求以干部的职级标准来赔付他认为他该拿的钱。结果被法院裁定驳回。

现在法院的立案，从审核制变成了登记制。只要有人告，你就得受理。法官工作的强度就可想而知。况且这都是人民内部矛盾，法官一般的做法都是调解，各打五十大板了事。可是我们遇到的法官就不一样，有高度。这个高度体现了既能保障法律的正义、明辨是非，又能细致地做好人的思想工作，落地无声。他们为这个社会，也为我们这个政府，为我们这个单位排忧解难，树立了良好的司法形象。

四 让法治成为全民信仰

“让法治成为全民信仰”，是2013年二张叔侄强奸杀人案再审终结后我想写一部书用作的书名。写书嘛，总要揭秘一些事实，触及一些敏感的部门。从政治的高度出发，领导希望我不要捅马蜂窝，我也无意一定要去得罪人，此事就这样被搁置下来。

2015年12月18日下午，我作为陪审员和合议庭成员参加了张林、龚翔非法吸收公众存款案的开庭审理。两犯罪嫌疑人年纪轻轻，三十来岁，分别来自于外省的农村。有一个替老板干活还只有两个多月，拿到手的工资也只有三四千块钱。老板抓不到，逮着了一个小虾米。另一嫌犯，一共做了40来笔的生意，实际上他主动拉到的只有一笔，其他都是帮助老板办办手续，金额高达数千万元，构成罪行特别重大。法院判刑一定不会轻。该犯罪嫌疑人与老婆离异，孩子只有两岁，在法庭上痛哭流涕，要求法院从轻发落。后悔不学法、不懂法而犯罪，但为时已晚。

旁听席上，座无虚位，这些均是所谓的受害者。他们大都为老太、老伯，是社会的退休群体。为了一点蝇头小利，目无国法，主动把钱送上门去。他们为什么不去存银行呢？因为嫌银行的利息低。他们想获得高利息的回报。现在上当了，就去政府上访，到法院告状，甚至围攻律师，咆哮公堂，形成社会的一个动荡不安的因素。

庭审结束出来，我心里很郁闷。当然，非法吸收公众存款者，已构成犯罪，应当惩治。而那些提供存款者该不该治呢？我想也应该要治一治。不是说在法律面前人人平等吗？但事实上法律在执行或操作方面也往往会存在问题，甚至也会有失公平，公诉人他们只保护的是受害者一方，不去追究受害者共同参与犯罪的事实，所以那些所谓受害的犯罪者就会显得那样地理直气壮。好比受贿者往往被治罪，而行贿者却逍遥法外。我作为一名人民的陪审员，带着自己的疑虑，走进了院领导的办公室，直言建议要进一步健全司法的审判工作。

人民陪审员制度的推行，是我国司法改革的一项重要内容，可发挥公民在保障程序正义，遏制司法专横，提高司法公信力等方面具有的重要作用。但是，在司法的实践工作中，往往也会出现陪审员“陪而不审”或“审而不议”的尴尬，难以真正体现司法具有社会的民主性和国家管理的群众性。根据法治中国建设的目标，全力维护社会的公平正义，需要司法来提供有力的保障。不久，我在研读法院单位的一份工作报告，他们要努力让人民群众在每一个司法案件中感受到公平正义。有这个愿望很好，可他们不一定做得到。道理很简单，因为官司双方不是输就是赢，被判输的一方肯定是不高兴的，他怎么会满意呢？又怎么会肯定你法院的宣判是维护了社会的公平正义呢？讲这话的领导，一定是从政治的高度出发，来取悦于民众的期待。法律不能只强调政治，一强调政治就不是法律了，因为法律带上了色彩，人民群众还怎么会相信法律。

在陪审员席上与法官留影

没有政府的法治化，就不可能有社会的

法治化。依法治国，首先是依宪治国。倘若执法者奉行“权大于法”或“以言代法”，最后将导致“以权枉法”，有悖对法治的崇尚和信仰。我们要用法治反人治，研究解决影响司法公正、制约司法能力的深层次问题，才能营造出公开、公平、公正的法治环境。

我们崇尚法治的目的，是增加人民群众对这个社会的安全感，让他们对未来充满着希望，并有一个良好的稳定预期。如若扶起摔倒老人送医院也可能被判赔偿，开车搭载路人做好事也要蒙冤入狱，差点丢掉性命。这样的社会太不正常，难言健康。人总是要有一点精神的，法治也是如此。没有精神的法治，犹如人体失去了灵魂。所以说法治精神就是法治的灵魂。一个国家若没有法制精神，整个社会就没有法治风尚，法治也就成了一句空话或套话。

一提及"参事"二字，很多人会仰慕，认为高深莫测。其实，何谓参事呢？"参事"就是参与做事。参与做什么事呢？主要是参与做好政府工作的事。比如开展调查研究，建言献策，咨询国事活动，具有统战性、咨询性和审议的工作。他们的参事制度是依照法律管理国家事务的一种渠道和形式。旧时，参事是一个官衔名。清末时期，朝廷各部，在副大臣之下，均设参事，由大臣奏荐。新中国成立后，在毛泽东主席、周恩来总理的重视与倡导下，1949年11月成立了国务院参事室，并确定为国务院的直属机构建制。参事室成员均由国务院总理聘任。他们多为各民主党派或无党派的精英代表，也有富有管理经验的中共老干、学者代表。阅历丰富，知识渊博，责任感强，公信度高。各省级人民政府也都相应地设有政府的参事室。从中央到地方，对参事工作的重视程度，可见一斑。

我没有任何……，关注我的有关上级领导的推荐，有幸成为了浙江省人民政府的参事。既感到光荣，……2014年8月13日，参事受聘仪式在浙江省人民大会堂隆重举行，省长李强、常务副省长袁家军等省领导出席。当我从省长手中接过聘书的那一刻，感受到了一种无形的、更大的社会责任。当我的人生即将走完60年第一个甲子之际，又开始步入了新的征程。

参事室也是个大家庭。他们有的来自科研机构、院校，也有来自文化……，又有党政机关具有宏观调控能力的厅局干部，还有从事法务的律师等等。有的已经过了参事的退休年龄，仍以特约研究员的身份继续从事与参事相关的工作。活跃在调研工作的第一线，建言献策。他们的工作热情不减当年，激情胜似当年。在他们身上看到了老同志们那种永不停歇的革命精神，激励着我们奋勇前行。在这个大家庭中，参事之间彼此都很融洽，工作上互相配合、支持，机关处室对参事的服务非常到位，使参事有家的归属感。

在这么多参事中，从年龄而论，我算是一个新生代。与许多老同志相比，我的思维可能会活跃一些。我认为要做好一个参事，建言献策不仅是获得领导肯定或批示，更要把握大局，……解决实际问题出发而不懈努力。更不应一味地去迎合形势或政治需要，而不顾实情去锦上添花，有悖参事的职业道德，……那有什么意义！因此，做人是需要有精神的，做参事更应体现一种精神。这种精神就是奉献、担当精神。用这种精神去影响、教化我们的干部与民众，推动社会的各项事业发展，就一定能赢得……实现中华民族的伟大复兴，而带来的繁荣与富强。

作者手稿

第七章

参事工作也较真

一提及“参事”二字，很多人会仰慕，认为高深莫测，其实这是过分地夸张。何谓参事呢？参事就是参与做事。参与做什么事呢？主要是参与做好政府工作的事。比如开展调查研究、建言献策、咨询国是等活动。它的职责是从事具有统战性、咨询性和审议性的工作。它的工作制度是人民依照法律管理国家事务的一种渠道和形式。

旧时，参事是一个官阶名。清末时期，朝廷各部，正副大臣之下，均设参事若干，由大臣奏荐。新中国成立后，在毛泽东主席、周恩来总理的重视与倡导下，1949 年 11 月成立了国务院参事室，并确立为国务院的直属机构建制。参事室成员均由国务院总理聘任。他们多为各民主党派或无党派的精英代表，也有富有管理经验的中共专家、学者代表，阅历丰富，知识渊博，责任感强，公信度高。各省级人民政府也都相应地设有政府的参事室。从中央到地方，对参事工作的重视程度，可见一斑。

我只是从事文化出版的一名普普通通的工作者，没有任何社会背景，承蒙一直关心我、关注我的有关上级领导的推荐，有幸成为了浙江省人民政府的一名参事。既感到光荣，又感到自己的欠缺，而诚惶诚恐。

2014 年 8 月 13 日，参事受聘仪式在浙江人民大会堂隆重举行，省长李强、常务副省长袁家军等省级领导亲自出席。当从李强省长手中接过聘任书的那一刻，感受到了一种无形的、更大的社会责任。当我的人生即将走完60年第一个甲子之际，又开始步入了新的征程。

参事室也像个大家庭。他们有的来自高等院校、科研机构，也有来自文化、宣传部门，又有党政机关退下来的具有宏观调控能力的厅局级干部，还有从事法务的工作者，等等。有的虽已经过了参事的退休年龄，仍很执着地继续从事与参事相关的工作，活跃在调研工作的第一线，建言献策。他们的工作热情

在受聘仪式上与李强省长留影

不减当年，激情胜似当年。在他们身上看到了老同志那种永不磨灭的革命精神，激励着我们奋勇向前。在这个大家庭中，参事间彼此都很融洽，工作都能相互配合、相互支持。机关处室的人员对参事的服务非常到位，使参事有家的归属感。

与文化组的参事们留影

在诸多参事中，从年龄而论，我还算是一个新生代。与许多老同志相比，我的观念与思维可能会叛逆一些。我认为要做好一个参事，建言献策不仅仅是为追求获得领导肯定或批示为目标而了事，而应崇尚从解决问题实际出发而不懈努力。更不应一味地去迎合形势或政治需要，不报实情去忽悠领导或锦上添花，去充当旧时封建制度式的太监或巴儿狗。有悖参事的职业操守，那有什么意义！因此，做人是需要有精神的，做参事更应体现一种精神。这种精神就是勇于任事的担当精神。用这种精神去影响、教化我们的干部与民众，有助于推动社会的各项事业发展，就一定能赢得实现中华民族的伟大复兴而带来的繁荣与富强。

出席省政府参事受聘仪式的成员留影

一　参事就要讲真话

2015 年 6 月，中共杭州市委组织部在市委党校举办了 2015 年市领导联系的高层次人才政治理论研修班。其间组织部领导邀请了在杭的一个知名互联网集团副总裁作了“大数据时代的变革”报告。据大会主持人市人才办领导介绍，该副总是个海归，是研究大数据的世界级专家、博士。在报告中，这位专家阐述了大数据时代以数据为王的观点，并非常自豪地告诉大家说：“我们集团对中国社会的贡献，就是我们把十几年来处心积虑的所有数据全部留在了当地（杭州）。”听后，我的心久久不能平静，有一种如鲠在喉的感觉。

两小时左右的报告很快地结束了，接下来大约留下 15 分钟时间让大家提问。学员们提问踊跃，我多次举手还是未能获得机会。眼看15分钟有限的时间马上要过去了，我干脆从座位上站立了起来，高高地举手，终于获得了提问的机会，说出了自己想说而又不得不说的一席话。我说："大家都知道贵集团是一家注册在英国开曼群岛的外资公司，大老板是日本的软银，二老板为美国的雅虎。所以我的担忧就来了，如果安倍晋三与奥巴马他们为了各自的利益要这些数据，难道你们就不给吗？如果不给，请问贵总，你们是如何坚守自己的爱国贞操的？"

同时，我又向该总提了一个常识性的问题。请问贵总，世界上有几大服务器？你们服务器的终端在哪里？事实上大家也知道，世界上互联网的服务器基本上都集中在美国，这些大数据哪有只留在本地中国杭州的，真是无稽之谈。也许我提的问题有点煞风景，因而我也成了不受该博士欢迎的愣头青。

说句实话，不听该博士的报告也罢，但听了之后真有睡不着觉的感觉。他们一家外企掌握着我们这么多的命脉信息，如经济、产能、需求、医疗、卫生、食品、人口、信息等数以万计的大数据，一旦使坏怎么办？他们掌握的数据越多，我们的风险就越大，我们就越没有安全感，我们就越睡不着觉。这绝不是骇人听闻，现实就摆在了那儿。我们的国民难道还能高枕无忧吗？

在当今这个互联网的年代，互联网的大亨像神一样的存在。

在舰艇上观摩，学习战士的硬骨头精神

不分青红皂白，不管各行各业，什么都是互联网 +，就连法院判案，也寻求互联网 +。如果你不是互联网 +，好像你就不入流，你就会马上死掉一样。而事实恰恰相反，像大亨活得这么滋润的只是凤毛麟角。我相信 95% 的实业当前所面临的困难和问题远非“互联网 +”所能解决。互联网大亨的神话不可复制。所谓的 P2P、O2O，来的是一个屁，去的也是一个屁；来的是一个零，去的也是一个零，叫作天空地也空。我认为一个传统的企业或实业，不应该盲目地互联网 +，而应该更务实地去 + 互联网，使我们传统的企业或实业插上信息、速度的翅膀，才可能在竞争中求生存。重庆市有一个知名的市长叫黄奇帆。他说：“P2P 说是一个互联网的金融平台，但这个平台本身不进行任何贷款，只是‘P’和‘P’之间互相贷款。P2P 把老百姓的钱汇集到平台上，这个平台变成了集资平台，平台作为法人，又把钱借给大户。这种模式没有任何互联网金融的特点，是乱创新。”如果说，经历的一场社会改革，只是活了一个，却死掉了一千，可见这个改革只是好了少数，死了多数。这是什么样的改革？是找死！如果死了一个，能活一千，这才叫成功。

2015 年 12 月 9 日下午，寒风夹着细雨。中共杭州市委宣传部领导一行 12 人，来杭州出版集团进行考核。会上我代表集团作了相应的工作汇报，并对互联网 + 问题，根据我所管理企业的实践体会，谈了自己的一点意见和看法，认为传统的实业 + 互联网才是企业发展的方向，本末倒置地不切合实际的误导，将是对我们传统企业或实业的一种扼杀。第二天早上，我去宣传部参加一个文化企业负责人的薪酬工作会议，去了部办公室，听办公室的一位领导说，昨天傍晚他们将我的上述意见书面呈报了中共中央宣传部。

不久，我去西南参加了一场“文化产业转型升级高峰论坛”。此论坛规模办得也不算太小，除当地的院校之外，还有北大的知名教授要作主旨发言，我很兴奋，积极报名参加了会议。一下飞机，到了机场出口处，见有学生模样的孩子举着会议牌子来接机。我问她们是哪个学校的，答是文化产业职业学院的。我又问：牌子上写的“文化产业转型升级”是什么意思？你们是怎样理解的？答曰：因为文化产业的生意不好做，不赚钱，要改行做其他行业。我又追问：改什么行业呢？又答：是改做互联网的行业。听了之后，我感到莫名其妙。想不到互联网是这么地深入人心，连我们的学生、孩子都没有被放过。在他们的心目中唯有互联网才能挣钱，只有互联网才会给他们带来希望和未来。他们根本不识人间烟火，更不知道应学会怎么去创造。这样的教学体制，真的会活活害死人。一天的高峰论坛听下来，并无新意，无非是为互联网时代唱唱赞歌而已。除了互联网＋之外，还是互联网＋。

最近，东方证券副总裁王国斌先生又在谈互联网了。他说："两年前让大家投资'互联网＋'领域的时候相当于你在电影院刚刚站起来的时候。两年后再来看，所有'互联网＋'的企业可能增加投入的同时不会带来更高的利润，因为所有的人都在进行互联网投资了，相当于所有的人都站起来了。"他希望大家思考的"互联网＋"到底有没有提升我们投资者的投资价值？他又说："现在的公司不做'互联网＋'，就像电影院所有人站起来，而你坐着就什么都看不见，但即使公司'互联网＋'了，也未必能看得更清楚。"2014年9月24日，我曾在网上看到一篇文章，题目是《警惕马云成为社会公害人物》。同年12月3日又看到了一篇题为《淘宝不死，中国不富！发展下去一切回到解放前！》的评论，感到言辞有点偏激。因为存在的或多或少都是合理的。

近日，《浙江日报》2016年4月26日第9版上刊登了这样一则消息：“在日前举行的2016年中国绿公司年会上，马云又一次语出惊人。他说，大家都觉得BAT相当了不起，但我估计两三年格局就会变化；过四五年，我们这些企业是否还会在，我觉得都是很大的问题。我们现在每一天都如履薄冰。”看后，让人跌破眼镜。我们不得不承认马云先生是这个时代审时度势的风云人物。我的理解是马云要与时俱进，实施新的战略布局，将产业升级换代，因为他知道万寿无疆是不可能的。当他网店数量剧增之时，也是数量更为庞大的实体、店铺、专柜消失之际，大量传统零售业的从业者都成了失业者。国家质检总局关于2014下半年网购商品品质调查显示，淘宝网的正品率只有37.25%。可见我们的国民每年几万亿的网络消费，竟然大部分用在购买假冒伪劣的商品上。这样中国市场将失去原创的动力，沦为世界分工中最没有价值的一环。他倡导进行运动式的促销，如名目繁多的“双十一”、“双十二”等，就是例证。2015年的“双十一”，24小时竟刷掉百姓的912个亿的存款。当下，我们中国人一直备受运动式消费的煎熬，他会给整个中国社会带来不稳定性。比如社会的服务链、供应链、资源链，没有办法按峰值来进行配置，其相继发生的各种后果可想而知。

既然如此，人们不禁要问：为什么淘宝还会在中国成功，大批的实体店会倒闭呢？道理很简单，因为这个社会虽缺乏规则，但充满希望，故崇尚冒险。实体店门槛高，要层层审批，且成本大，要门面、要进货、要用工，还有七税八税的各种税负，又要交纳五金，经营者实在承受不起。而开网店就要省事多了，不需要租门面，又可以不交税，屌丝们山呼万岁，大行其道，形成一个与淘宝的利益共同体。他们只要有胆，就会有钱。他们庆幸中国正处于社会主义的初级阶段，姓资姓社不争论，不管白猫黑猫，能捉老鼠就是好猫。政府有关部门管理落伍，相关法律滞后，弱肉强食，给这个社会增加了混乱的成本。

但事物总是一分为二的。当马云先生给这个社会带来了诸多困惑的同时，他抓住了体制机制的薄弱环节，在计划经济向市场经济转型的历史过程中，解决了信息、贸易、支付、物流四者相结合的商业模式。他巧妙地利用这个模式，在探索与实践上做了一篇很大的结合性文章，推动了互联网的发展，成为

在中国人民政治协商会议第十一届浙江省委员会上，与侨联的华侨代表马立先生留影

中国商界的一位乱世枭雄，形成了一个集政治、经济、文化、人性于一体的具有中国特色的时代符号。

马云先生的神话，已成为中国社会的一种特殊现象，不管你褒贬如何，他就是这么地牛逼。是我们的体制造就了他，决定了他。

中国人民政治协商会议第十一届浙江省委员会第四次会议于 2016 年 1 月 23 日在杭州召开。25 日上午，朱从玖副省长看望民建、工商联、经济界别组委员并参加联组讨论。省政府办公厅、省发改委、省经信委、省财政厅、省国土资源厅、省交通运输厅、省国资委、省地税局、省工商局、省统计局、省金融办等负责同志到会并听取意见。委员们围绕政府工作报告和“十三五”规划纲要草案进行了讨论，一致认为省长的报告作得很好，既认真回顾了 2015 年的主要工作和“十二五”发展成就，又提出 2016 年任务目标，及“十三五”发展的美好愿景，切合新常态下浙江发展的实际，鼓舞人心。

在这种场面上，我很少主动发言，除非领导安排我讲话。何况是四个大组联组讨论，有一百余人。以往都是争前恐后，抢话筒发言，今年好像不够热烈，有时出现了冷场。主持人是我们民建的领导，我作为民建的一名会员，总要配合一下。于是我就认真地发起了言。我认为，李强省长所作的政府工作报告，从政治、经济、社会、环境、文化等各个方面，用数据说话，实事求是，成绩可圈可点，走在了全国的前列。同时，省长也坦承2015年浙江所取得全省生产总值达到42886亿元，增长8%的成就，是在面对错综复杂的宏观环境下实现的，就更显得难能可贵。2016年怎么办？我建议：一是面对浙江经济下行压力，在今后的工作中，政府应在支持实体经济特别是民营实体经济方面要拿出更具体、更强有力的政策措施。因为，这是一项关乎浙江经济命脉的工作。否则，保障浙江经济的发展无从说起。二是政府在日常的工作中要特别注重提振民众对这个社会、对我们经济工作的信心，要充分发挥他们的积极性。这是当前最大的政治，也是政府的首要工作。

近年来，网络上流行的一句语言，叫作高级黑。何谓高级黑呢？百度的解释是："表面上夸奖，实际上讽刺。但夸奖的东西和讽刺的对象并不是同一事物，而是借助被夸奖的东西来讽刺批评的对象。"换言之，我的理解是口蜜腹剑，却又装得温文尔雅；用文明、漂亮或幽默的言辞来抹黑人或事。如今是高级黑流行的年代，不是吗？社会上就有这么一些人，嘴巴上讲的是一套，而心里想的又是另外一套，他们都不肯说实话，也不想讲实话。人们不明白，这些人究竟安的是什么心。我认为这是在新常态下社会出现的一种心理病态。

二 当好新型智库的践行者

什么是智库？智库就是一个思想库。作为智库，不仅是要具有前瞻性和批判性，更重要的是智库要提出解决问题和突破瓶颈的方法。建立具有中国特色新型智库，是当前我国深化改革的需要，也是应对国际复杂多变形势的需要。适应这一要求，尽快建立国家决策咨询制度，在全球视野下，快捷、有效提供高质量的思想产品，是中国智库建设的当务之急。

参事，就是智库的角色。虽然我受任的时间不长，但还算是努力。当参事一年半来，进行了六项调研活动，其中四项独立进行，两项与老参事合作进行。其中四篇调研的参事件，受到了省领导的重视并给予了批示。

2014 年 11 月，就浙江省文化产业发展相关问题，我递交了《关于缓解文化产业发展融资难问题的思考与对策》。

我认为，浙江是一个自然资源十分匮乏的省份，缺乏土地，缺乏矿产，也没有能够像广东省、海南省那样享受到中央政府给予的特殊政策。如果还是固守以前那种传统的发展思维模式，浙江就难以继续保持经济强省的行列。但是浙江也有自己的优势，这个优势是什么呢？就是浙江悠久的历史和积淀深厚的文化。如果能够把文化产业化、创意经济化作为我们浙江经济发展的重要战略，我相信浙江经济起飞的春天将很快到来。

随省政府参事室潘海生主任（左三）赴国务院参事室汇报工作

一、浙江文化企业的现状分析

据相关部门2013年统计，浙江省文化法人单位总量为75540家。其中公益性事业法人为5248家；经营性企业法人为70292家。单位总量数较多，占全国的10.8%。

在我省全部的经营性文化企业中，文化服务单位为31124家，年营业额在500万元、职工人数在50人以上的重点服务企业为1102家，仅占全部文化服务企业的3.5%，较全国平均水平3.9%低0.4个百分点；文化批零企业有13007家，年营业额在2000万元以上的批发单位或500万元以上的零售单位有688家，仅占全部文化批零企业的5.3%，与全国平均水平5.8%相比低0.5个百分点；文化制造业企业为26161家，年营业额在2000万元以上的单位为1904家，仅占全部文化制造业的7.3%，与全国平均水平11.6%相比低了4.3个百分点。

与省文史馆馆员、知名作家黄亚洲先生考察龙泉瓷博物馆

由此可得出结论：浙江省文化及相关产业企业

数量虽多，但规模普遍较小，而骨干企业所占比重均低于全国的平均水平。

二、文化相关产业发展中存在的问题与困惑

鉴于浙江文化企业规模普遍较小的原因，不少文化企业往往缺少土地、设备、厂房等固定资产，制约其发展壮大。究其原因主要有三大难题。

一是融资难。因为许多人不了解，也不研究文化产业，认为这是“轻资产”，或是“无形资产”，难以盘活利用。对文化产业看不到希望，缺乏投资信心。

二是现有的产业结构不合理。我国的融资市场往往集中在航空、交通、机械设备等大型固定资产业务上，对一般的文化企业，特别是小企业不屑一顾。

三是大多数文化企业较其他行业企业来说是弱势群体，对投资者或是金融部门来说存在信用风险危机。

最近北京文资办等部门提出了一个盘活文化资源，撬动金融资本为文化企业融资的理念，采取“直租”和“售后回租”两种模式，开展了融资租赁业务。所谓“直租”，即直接购买文化企业所需生产资料租给文化企业，向企业收取租金；“售后回租”，即由文化企业已经购买的所需生产资料，由租赁公司收购再回租给文化企业，收取该企业的租金。该思路和做法值得借鉴。但由于北京市文资办是独立部门，既不属宣传文化系统，也不属财政系统，因此在操作中必然会遇到新的问题（我省则不是这种体制）。

根据我省2012年的测算基数，我们要在2015年实现文化产业增加值占GDP比重达到7%的目标，则文化产业增加值增速必须要高于GDP的增加速度，至少在16个百分点以上，因此困难相当之大。

三、突破瓶颈的思考与建议

为破解上述难题，拟提出以下五大举措。

（一）建议加强对我省文化产业发展的研究，借鉴完善北京经验，建立由政府主导的文化产业发展的相关领导机构，统一协调组建相关的融资租赁服务公司。根据企业发展所需，有针对性地解决文化产业企业在发展中用房、设备等相关问题，以减轻融资难的压力，文化企业可轻装上阵。好处是可以避免企业整体担保所背负的沉重负担。

（二）政府应建立给予文化企业发展贴息的机制，贴息时间最好为三年。政府贴息的代价，可换回本区域经济的可持续发展。企业发展了，政府可以拿到税收；企业破败了，政府只承担了利息，但增强了企业、社会对政府的信心。这是至关重要的。

（三）建议建立文化产业发展主营部门与融资租赁公司及被帮助企业的三级联动防控机制，以抵御风险。这样可使政府做到贴出去的息心中有数，而融资租赁公司对该企业的经营状况一目了然，企业则对自己发展路径与目标非常明晰，可使文化产业的发展步入良性轨道。

（四）建议建立文化企业的评估认定体系。凡企业申请支持时，须递交三年以上的发展纲要，通过市场评估、认定，确定其支持力度。主管文化产业发展的政府相关部门，应负责开展文化无形资产的确权工作，为解决文化产业发展融资难问题创造前提条件。

（五）要拓展浙江作为全国文化创意产业中心的内涵和空间，调整相关产业结构，加大文化服务业特别是会展业的发展，推动信息产业和文化产业的融合，打造长江三角洲的全国文化创意产业中心带，使浙江的文化产业走出一片自己的新天地。

2015 年 5 月，习近平总书记来浙江考察工作，其间对青少年的教育问题作了重要指示。我又递交了《关于在我省设立首个国家级青少年社会主义核心价值观研究教育基地的建议》：

习近平总书记 5 月 25 日至 27 日在浙江考察工作时指示："在各类学校中推行社会主义核心价值观进教材进课堂进头脑，从娃娃抓起，帮助树立正确的世界观、人生观、价值观，在读书期间就扣好人生的第一粒扣子。"践行社会主义核心价值观，是党的十八大工作报告中明确提出和阐述的要求。它既是统一中国特色社会主义实践成果的标准，又是便于每个国人践行的具体行为规范，更是形成良好社会风尚的源泉和动力。习近平总书记在2014年5月30日视察北京海淀民族小学时，以“从小积极培育和践行社会主义核心价值观”为题，强调少年儿童是祖国的未来，是中华民族的希望。少年智则国智，少年富则国富，少年强则国强，少年进步则国进步。青少年是我国全面建成小康社会和实现中华民族伟大复兴的希望所在，培养青少年具有社会主义核心价值观是一项崇高的事业。

一、当前青少年思想现状与教育工作难题

据全国第六次人口普查资料统计，我国青少年总数为34420万，占全国总人口的25.8%。青少年作为国家未来的栋梁，是一个国家综合实力的重要组成部分。但由于教育资源不均等问题，在应试体制的指挥棒下，当

随省政府参事室主任潘海生，参事桑士达一起，拜访人民日报副总编杜飞进（右二）先生

前青少年思想现状和教育工作出现了复杂多变的新情况，形成了教育与社会、家庭的严重脱节。畸形的教育方式导致社会面临许多忧患，主要表现为：

1. 迷信外来文化，缺乏国学素养

如今的青少年在日常生活中所接触的主流文化，其实为“舶来文化”，如美国的好莱坞电影、日本动漫及日韩偶像团体，而对于自己优秀传统文化却不甚了解。更令人担忧的是“以肤浅为个性，以享受为宗旨”已成为相当部分青少年中流行的一个十分严重的病症，因而缺失认真努力、吃苦耐劳、助人为乐、深入思考等最为基本的核心美德，将造成“文化变质”的可怕后果。

2. 重书本知识的学习，忽视动手能力的培养

现在的青少年虽经含辛茹苦的培养，但是到了大学毕业后还是找不到工作，而用人单位也苦于雇用不到能够立即派上用场的所需人才。究其原因，现在的青年动手能力实在太薄弱了。应试教育体制下的学校为了升学率开办了各种各样的补习班、学习班，家长也为了“望女成凤、望子成龙”而强迫子女“围着书本转”。其结果是孩子整天为了学习而学习，到了社会却束手无策。

3. 沉迷虚拟世界，影响身心健康

作为虚拟世界的一大娱乐内容——网络游戏，是当今青少

年日常生活中避不开的一件事。因为他们的心智和身体发育尚未完全成熟，往往沉迷其中不能自拔，形成“网瘾”。我国城市网瘾青少年超过 2400 万人，还有 1800 多万青少年有网瘾倾向，他们往往是“键盘一族”，与人交流时打字多于说话。而网络世界内容又鱼龙混杂、良莠不齐。其中色情、暴力等有害内容对于青少年的毒害不言而喻，有的甚至会产生不可逆转的终生影响。

4. 受到西方文化渗透，丧失核心价值观

以美国为首的西方国家在意识形态上对于中国大陆的渗透一刻都没有停止过。通过电影、电视、动漫、游戏和品牌等文化输出，一直在影响着中国的青少年。

送书下乡，帮助建设乡村文化礼堂

西方文化的输出，从本质上来说是价值观的输出，是意识形态的输出。青少年通过接触相关的西方文化，便在潜移默化中倾向于认同对方的价值体系。而当今的青少年正处于资讯信息极度发达的时代，靠一台智能手机便能获取各种内容的信息，从而加剧了西方文化的渗透。资产阶级唯利是图的意识、只求目的不择手段的功利主义、奢侈浪费贪图享受的恶习、崇洋媚外的民族虚无观，向青少年的思想意识发起冲击。久而久之，青少年便有丧失中国社会主义核心价值观的危险。

5. 父母娇纵溺爱，不懂交流合作

70 后、80 后可谓是“独生子女的时代”，而如今的 90 后、00 后则是这些独生子女的后代，其娇纵溺爱，与前一代相比，更是有过之而无不及。他们的表现一般都较为任性、自私自利、唯我独尊，且又受不得半点挫折，一不开心就以跳楼、自杀相威胁，凡事以自我为中心，认为这个世界都是欠他的，不懂得奉献，与传统的道德观相悖甚远。而且，这种以自我为中心的性格还会导致孩子藐视纪律规章，进而无视法律法规，最后染指犯罪，误入歧途。

究其原因，一是曾经风行的“政治高于一切”的“左”的思潮对青少年思想教育有着不可忽视的逆向影响，不少青少年厌倦政治思想教育，一些社会舆论不恰当地强调文化考试成绩，而使道德教育处于次要的位置。二是信息开发和内外交流的迅速发展也带来了国外先进科学技术和丰富的物质文化生活的负面渲染，造成部分青少年滋长起崇洋媚外的心态，在这种心态面前，爱国自信和民族自尊变得淡漠。三是青少年中多数是独生子女，他们自我意识强烈，抗挫折能力薄弱和团队精神不足。四是随着城市化进程的扩大，部分城市青少年中出现二元思维对立的现象。五是没有统一的协调领导机制对青少年教育工作进行研究和创新。

二、解除忧患的对策与建议

为破解青少年教育工作中的难题，拟提出在浙江省建立首个国家级青少年社会主义核心价值观研究教育基地，拟设立五大中心。

1. 国学教育中心

在农村社区考察调研

一个国家的崛起，首先是文化的崛起。该中心的功能，主要为弘扬国学文化，通过举办各种活动，讲述、阅读、观看影像等多种载体，向青少年宣传灌输中国传统的优秀文化，培养他们的社会主义核心价值观。同时把国学教育运用到实际生活中，如发挥道德模范人物的示范带头作用，培养青少年艰苦奋斗、积极上进和诚信向善的精神。

2. 科学实验动手中心

培养青少年的学习动手能力，是关乎到一个国家科学发展的后劲所在。设立该中心的目的，是给广大的青少年提供一个从小学科学、爱科学的实践平台，力图让青少年把课堂上学习到的理论知识运用于实践的实际操作，从而使所学知识能够融会贯通，学有所用。具体地可开办一些门类各异的科学兴趣班，如化学实验、物理实验、植物栽培、动物饲养、模型制作等。可利用青少年的一些好的创造发明，授权厂家生产一批智能玩具产品投放市场，从小培养孩子走产、学、研结合的道路，为国家培养有用的人才。

在北京王府井街上的体育雕像前

3. 健康培育中心

青少年身体的健康，关系到国家的未来，民族的兴衰。该中心的功能是，有计划有安排地积极组织引导广大青少年进行身心、体能的锻炼与培养，帮助青少年提高综合健康水平和团队、互助精神。当今很多孩子因沉于“网瘾”，很多人过早地患有眼疾、颈疾，且整天昏昏欲睡，精神萎靡不振，造成生理、心理的缺失。健康培育中心可根据青少年的实际，开办各种体育活动兴趣班；设立青少年心理咨询热线和心理卫生服务机构等；开办用眼卫生班，教导青少年如何健康使用电脑、手机等智能设备的相关知识，从而保护好视力。

4. 儿歌等文化创作中心

儿歌是宣传社会主义核心价值观的一种重要手段。建立儿歌创作中心，旨在填补近三十年来我国儿歌创作的缺失和空白，通过创作一批适应时代的儿歌，来弘扬中国传统文化和社会主义核心价值主旋律，建立少儿国学教育和文艺创作相融相洽的一席之地。创作中心要以浙江为龙头，邀全国知名儿歌作者来浙参与基地的建设；编辑出版儿歌书籍；拍摄播放儿歌的音乐电视等。以青少年为对象，举办儿歌演唱及诗词朗诵比赛等。

5. 活动交流中心

增强青少年的活动与交流，是青少年发育成长过程中的一个重要环节。要给他们创造出更多更好的外部条件，使他们能够健康茁壮地成长。活动交流中心可开办各种以青少年为对象的学习交流会，如组织以公益性服务为主的社会实践活动、志愿者活动和爱岗敬业活动，安排到养老机构义务服务，开展植树绿化和环保清洁劳动，维持交通秩序，参加军训，开展各类技能比赛和技能创新，培养青少年的合作精神和团队意识，使青少年学会如何与人交往、与人相处，使青少年懂得给予与奉献。

三、实施的可行性

一是杭州是浙江的省会城市，且又是长江三角洲的中心。人文辈出，历史文化积淀深厚，适合率先在浙建立首个国家级青少年社会主义核心价值观研究教育基地。

二是具备设立教育基地的现有条件：

1. 地点。以杭州的青少年宫为基地较好，其占地 500 亩，规模大，业务范围广，据统计每年青少年活动的规模达 200 多万人次，居全国前列，已具所建基地的规模。

2. 统一组织领导。由省委、省政府出面协调，由团省委协同杭州市团市委领导，可加强组织保证。

3. 资金保障。由省或市财政根据项目拨付部分补贴外，可采取市场化运作，资金不会太成问题。据悉，杭州市的青少年宫每年开办各类青少年培训，营业收入 3 亿至 4 亿，利润可达上亿元之多，无非是将资源重新整合完善即可。

三是在杭州取得经验后，可在全省推广。

四是要有相应的制度保障，以确保社会主义核心价值观教育的长效性。没有制度保障不可能获得社会认可，更不能获得青少年的认同。

通过一至三年的努力，将基地机构逐步完善，找准突破口，摸索出一套青少年教育的路子，让浙江省成为名副其实的国家级社会主义核心价值观研究教育基地。这是时代的要求和历史赋予的责任，也是利用一种文化潮而引领世界潮的绝好契机。

与著名民俗学家钟敬文先生留影

三　坚持真理　勇于担当

参事也是一个不太好当的差使。以我的性格，只讲好话是做不到的，实话讲多了容易得罪人。也难怪，人性都是喜欢听好话的，不亮丽的事总喜欢藏着或掩着，生怕别人知道。有些官场的人尤其是这样。

2015 年上半年，在桑士达参事的带领下，我们去嵊州市对越剧的传承与保护问题进行了调研与考察。市政府非常重视，由副市长牵头了有关部门一起参加座谈，建言献策。其间我们参观了由宋卫平先生捐建的嵊州市新越剧艺术学校，其营造的庭院式优雅自然环境与江南建筑风格浑然一体，相映生辉，犹如仙境一般，堪称世界一绝。我这样说一点也不为过，因为我也去过不少发达国家，参观过许多世界的顶级名校，确实找不出能与嵊州越剧艺术学校相媲美的硬件与环境设施。但是很遗憾，有不少人太丑陋，身在福中不知福，总是捧着金饭碗去要饭，指望天上继续掉馅饼下来吃。该校校长年纪还很轻，风华正茂。凭我的感悟直言相告了他，你碰到了一个宋卫平算是烧到了高香，别再指望有第二个宋卫平出现。地方的一些基层政府，老是怀着一种要求救助的心态，自己生的儿子不好好地养，只会喊哭穷，还指望能兴旺发达，有可能吗？不可能！除非太阳从西边出来。我的话他们是不会爱听的，甚至有很大的反感，但我讲的是真心话。因为有人会一时救你的急，不会一辈子救你的穷。

宋卫平先生捐建的嵊州越剧艺术学校

越剧为我国五大戏曲剧种之一，亦有中国第二大剧种之称。唱腔清悠婉丽，长于抒情；表演细腻有神，感人以形。在100多年的发展历程中，融汇了昆剧、话剧、绍剧等特色剧种之大成，成为中国戏曲极具代表性的剧种。2006年5月20日经国务院批准，入选第一批国家级非物质文化遗产名录，具有良好的品牌效应。时下，我认为越剧也要适应竞争的新环境，依托市场探索发展新路。文化要产业化，创意要经济化，在服务大众中提升自我“造血”功能和创新活力。国际歌唱得好：“从来就没有什么救世主，也不靠神仙皇帝。要创造人类的幸福，全靠我们自己。”

继2015年上半年调研了越剧之后，2015年下半年的10月，我们又在桑士达参事的主导下，对杭剧的保护和扶植进行了调研。杭剧，是浙江地方戏曲园中的一个剧种，一度处于灭迹的边缘。在浙江省，特别是杭州市政府的重视和扶持下，杭剧又获得了新生。然而要真正确立杭剧在全国剧种的地位，任重道远。

陈漪女士是杭州师范大学的教师，为杭剧的研究者。她告诉我们说，杭剧发轫于20世纪20年代，全省一度曾涌现出10余个剧社。所演《卖油郎独占花魁女》《双珠凤》《珍珠塔》《太平记》《赵五娘》《双贵图》《玉堂春》等剧目，深受杭、嘉、湖、甬、沪一带民众的喜爱。最红火时，上海出现一晚上在不同剧院要演三场杭剧的盛况。在首届西湖博览会上，杭剧竟连演两个半月之久，且剧目不重复。上海的百代等几家唱片公司，先后录制了多位杭剧名家的唱片，杭剧闻名遐迩。

陈漪老师又说，新中国成立后，杭剧大致经历了三个阶段。一为恢复期：即建国初期，曾广泛流动于杭、嘉、湖地区及上海、苏南一带的杭剧班社，仅剩下杭州春秋杭剧团、江苏宜兴德记舞团和宁波杭剧团。1957 年，宜兴的群谊杭剧团（原德记舞团）回归杭州，与春秋杭剧团合并为杭州杭剧一团、二团。1961 年，杭州实行了“杭剧改革”，把杭剧推向了第二个高潮。演出剧目受到热捧，还为班禅大师、越南范文同总理等中外贵宾专演《狸猫换太子》《佘太君斩子》等；1962 年 12 月 31 日，毛主席兴致勃勃地观看了杭剧献演的折子戏《双下山》。二为衰落期：在“文革”极“左”思潮下，“杭剧团”被撤销，艺人流离改行。1972 年虽建立了杭剧改革组，其现状改观甚微。三为徘徊期：改革开放后，排演了杭剧《苏小小》《新编龙凤锁》等戏，杭剧略有复兴。

杭州杭剧团相关负责人在调研会上介绍，近年来杭州杭剧团苦心钻营，做到三年一大戏，年年有小戏。2009 年推出杭剧现代戏《母亲的泪》，让失去了 50 年之久的杭剧得以重现。2012 年，推出原创大型杭剧现代剧《永远的雷锋》，观众达五万余人次，荣获省、市精神文明建设“五个一工程奖”、省戏剧节新剧目奖等荣誉。杭剧进入了首批浙江省非物质文化遗产名录，剧种的保护受到了重视，传承又有了新的进展。

杭剧《永远的雷锋》剧照（一）

然而，在调研中我们感觉杭剧的影响力仍然不够大。究其原因，一是杭剧实际处于人员、编制和经费方面缺乏应有保障，二是演艺人才断层、有实力的年轻演员流失或改行。

杭剧《永远的雷锋》剧照（二）

事实上就相关文化产业而言，杭州算是已经搞得很不错了。为什么在发展中也出现这种尴尬呢？因为还有一个根本性的理论问题没解决，那就是姓社还是姓市的问题。所谓姓社，就是以社会的公益性为主导；姓市就是要求你去走市场，或还是二者皆而有之。如果这个理论问题解决了，其他的一切问题就会迎刃而解。杭州又会走在全国文化事业发展的最前列。

我们带着一颗赤诚之心，为杭剧的保护传承、振兴而努力。但有的人很不理解。当然，事后我也不感到有什么委屈了，因为像我这种性格的人，不被人评说才是不正常的事，由他去吧！我们的参事件，很快引起了省市领导的高度重视。省委常委、杭州市委书记赵一德同志批示："请卫军同志并宣传部研究。"副省长郑继伟批示："请杭州市和文化厅阅研。"

四 保持一颗童真的心

曾经听人说过，参事是一群喜欢找事的老人咨政。其实只说对了一半。当今这个时代，往往是人老而心不服输。如果有一天这个人真的老了，心也老了，那你就等着寿终正寝。所以有一些老人，特别是从过政的老人，就不甘寂寞，认为这个世界离不开他们，因为他们总是在想，这世界本来就是属于他们的，于是就点点、划划，指指、骂骂，等死了之后还带着遗憾进地府。结果呢？人世间马照跑，舞照跳，谁也没有离不开谁。

再说说还有另外一半的老人，他们对生活仍充满着希望，并对这个社会感到有奔头，他们的心里不再有负担，就会活得轻松又愉快。他们大凡是一些善良之人，始终保持着一颗童真的心，有人称他们为老小孩。他们一般不会有任何非分的想法，说话率真，一切只是为着后辈们而活，想护他们一世安稳。他们受到了社会的普遍尊重，他们既是一个社会的家庭，也是一个国家的宝贝。一旦他们仙逝，还能清名留史，被后人深深的怀念，并永远地活在了人们的心中。这种老人正如《魏书·张普惠传》所云：“人生有死，死得其所，夫复何恨。”

当栖身于宇宙的躯壳之中，孩啼声划破天际，灵魂便涌向了地球，我们一起来到了这个世界，开始了人生的旅途。人最终都会老去，如果还能保持一颗童真的心态，就会显得那么地不容易。这是生命的幸运与豁达的一种可爱之举，也就拥有了一双重新审视生活的天眼，拥有了一份纯真的快乐，拥有了一种闪亮而未被泯灭的精神依托。不是所有的人都有能尽享这份情怀的福分。所以说，心若没有老去，我们永远都是孩童。心仍真实柔

与知名医学专家叶再元参事在吉林调研

软，世界永远美丽。

我们所讲的童心，不是矫揉造作的“天真”或傻蛋。是生命的一种境界，亦是生活的一种态度。既是对自我的关爱，又是对他人、对社会的一种融入。保留一份童心，即使到了迟暮之年，一种发自内心燃烧的激情依然不减。童心是无价的。童心之贵，贵在其真；童心之美，美在其柔、其善。一个童心未泯的人，才是感悟生活真谛的人。

大家都知道，美国曾出现过一对父子总统，叫作老布什与小布什。老布什退休后身体不是太好，据说晚年还得了帕金森症，双腿不能自如行动。在他 90 岁的高龄时，还执意要高空跳伞。他的家人和医生均反对，但老布什一定要坚持。最后还是在助理的帮助下，用直升飞机在 1800 米的高空跳下，降落伞平稳而落，老布什跳伞成功。他的妻子芭芭拉上前拥吻，儿子小布什则送上拥抱。俄罗斯总统普京发去了贺电，并寄去了老布什年轻时的画像作为特别的礼物。

老布什

此事在我们中国是不可能想象的。按照我们的习惯，一个 90 岁的老人把他供起来都来不及，怎么可能让他去冒这么大的风险呢？况且他又是一个美国的老“皇帝”。这就是东西方文化的差异与价值观的不同所致。从另外一个角度告诉我们，人老退休了，仍然可以接受各种挑战，包括生命极限的挑战，来体现人生的自我价值。

我最近又看到过一份资料，说的也是有关美国老人的故事。故事中讲，有一个知名度很高的老太太，名叫摩西奶奶(Grandma Moses)，活了 101 岁。她是一个从来没有进过美术学堂的农场工人的妻子，以做刺绣为生。70 多岁时因手患上了关节炎，拿不了针线就拿起了画笔，突破了年龄和教育的限制，通过自己的感悟和努力，用自己的画创造出别样的一番精彩人生。

摩西奶奶的画，被登上过《生活》《时代》的封面，被很多大都会的博物馆收作藏品，当然也少不了有白宫的收藏。她的作品展览从美国到法国的巴黎，又从法国的巴黎到英国的伦敦。去世后，美国的邮政还为她发行

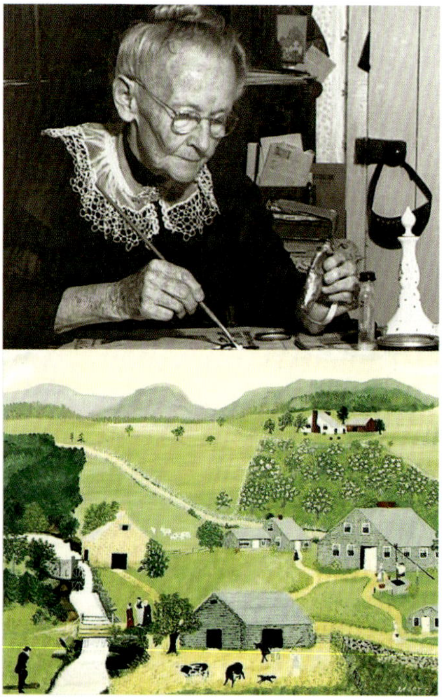

摩西奶奶和她的画作

了邮票。这位长寿的老太，生前留下了1000多幅作品，其中有几十幅是她在过完100岁的生日后创作的。此时，还致她的晚辈们百岁感言："回顾我的一生，在八十岁前，一直默默无闻，过着平静的生活。八十岁后，未能预知的因缘际会，将我的绘画事业推向了巅峰，随之带来的效应，便是我成了所有美国人都耳熟能详的大器晚成的画家。人生真是奇妙。"

有很多的年轻人去信，谈及自己的迷茫或困惑。摩西奶奶又告诉了他们："人的一生，能找到自己喜欢的事情是幸运的。有自己真兴趣的人，才会生活得有趣，才可能成为一个有意义的人。当你不计功利地全身心做一件事情时，投入时的愉悦、成就感，便是最大的收获与褒奖。我的一生好像是一天，但这一天里我是尽力开心、满足的，我不知道怎样的生活更美好，我能做的只是尽力接纳生活赋予我的，让每一个当下完好无损。"

这些都是励志的写照。这种认知及表达世界的方式，投身于自己真正喜爱，并适合自己的道路，心甘情愿为之付出时间与精力，为坚持的事业而感到坦然、淡定，直至百年。我也已过六旬，很快就要在领导的岗位上退休，但仍可以不断寻找生命的激情，接受新事物，研究新问题。生命不歇，工作不止。当好参事，愉悦自我。2015年，我被浙江省人民政府参事室评为政府优秀参事。

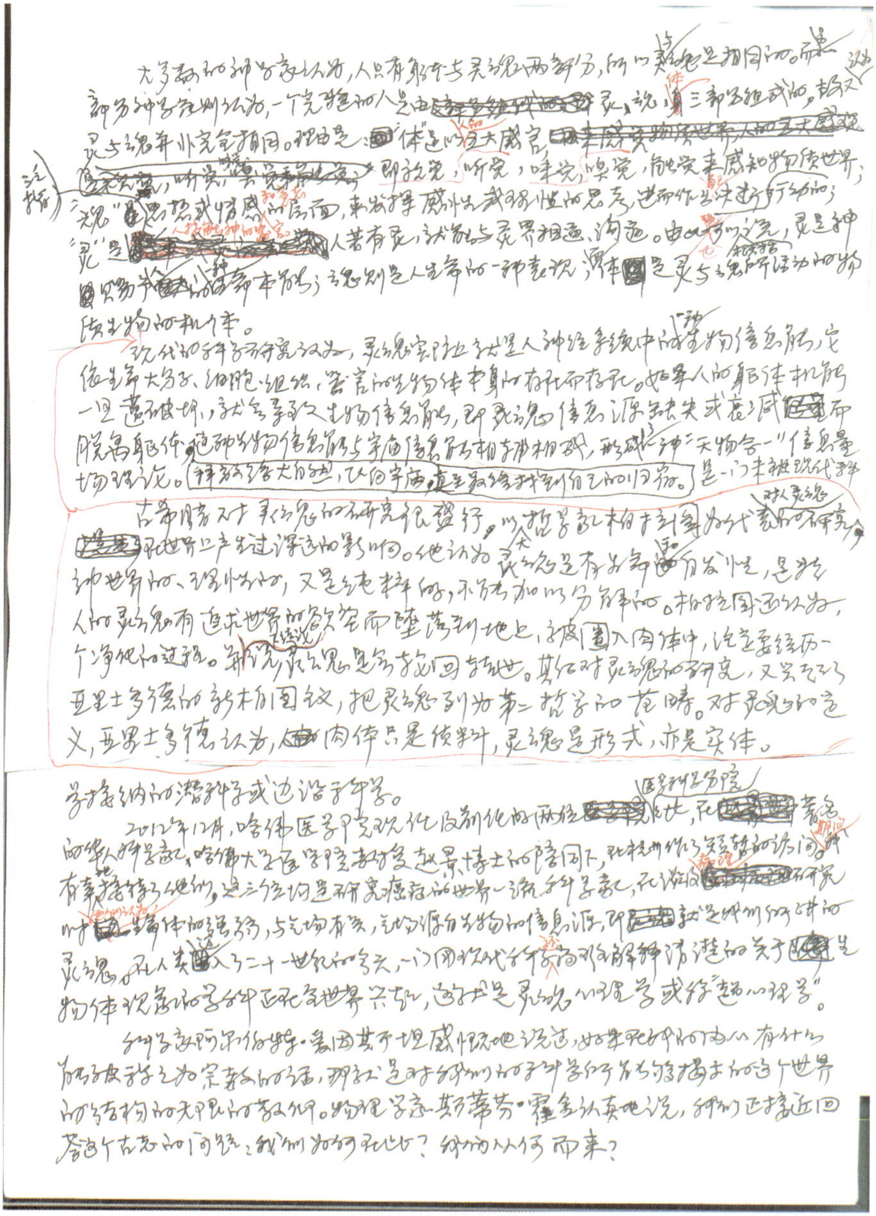

大多数的神学家认为，人只有躯体与灵魂两部分，所以灵魂是相同的。而另外部分神学注则认为，一个完整的人是由[illegible]灵、魂三部分组成的，故灵与魂并非完全相同。理由是：[illegible]体通过五大感官[illegible]，即视觉，听觉，味觉，嗅觉，触觉来感知物质世界；"魂"是思想或情感的层面，来发挥感性或理性的思考，进而作出决定和行动；"灵"是[illegible]，人借有灵，才能与灵界相通，沟通。由此可见，灵是神[illegible]的本能；魂则是人生命的一种表现，躯体是灵与魂存活的物质生物的载体。

现代的科学研究认为，灵魂实际上就是人神经系统中的生物信息能，它依赖于大分子、细胞、组织、器官的生物体本身的存在而存在。如果人的躯体机能一旦遭破坏，就会导致生物信息能，即灵魂的信息源丧失或受损而脱离躯体，使生物信息能与宇宙信息能相携相融，形成"天人合一"信息量场理论。[illegible]是一门未被现代科学[illegible]

古希腊哲学家柏拉图对灵魂的研究很独特，以哲学家柏拉图为代表的研究对西方世界产生过深远的影响。他认为：灵魂是有着自己的自发性，是精神世界的、理性的，又是纯粹的，不能加以分解的。柏拉图认为，人的灵魂有追求世俗的欲望而堕落到地上，被困入肉体中，注定要经历一个净化的过程。最终灵魂是会轮回转世。其后对灵魂的研究，又出现了亚里士多德的新柏图说，把灵魂列为第二哲学的范畴。对灵魂的定义，亚里士多德认为，肉体只是质料，灵魂是形式，亦是实体。

[illegible]的潜科学或边缘科学。

2012年12月，哈佛医学院[illegible]，在[illegible]的华人科学家、哈佛大学医学院教授赵景博士的陪同下，[illegible]。这三位均是研究[illegible]的世界一流科学家，[illegible]，即[illegible]就是[illegible]灵魂。在人类进入二十一世纪的今天，一门用现代科学方法解释[illegible]生物体现象的学科正在全世界兴起，这就是灵魂心理学或称"超心理学"。

科学家阿尔伯特·爱因斯坦感慨地说过：如果说我的内心有什么能被称之为宗教的话，那就是对我们的科学所能够揭示的这个世界的结构的无限的敬仰。物理学家斯蒂芬·霍金认真地说，我们正接近回答这个古老的问题：我们为何在此？我们从何而来？

作者手稿

第八章

我们都是世界人

何为世界？佛教经典《楞严经》中所称的世界是指空间和时间。世界，也就是宇宙，是天地万物的总称。

唯物主义者认为：宇宙是物质世界，不依赖于人的意识而客观存在，并处在不断运动和发展中，在时间上无始无终，在空间上无边无际。宇宙既是多样性又具统一性：多样性在于物质形态的多种多样；统一性在于其物质性。随着天文望远镜观测技术的提高，宇宙的可观测范围也日益扩大。20 世纪末，观测到的最远的天体离地球约 137 亿光年。随着人类认知的不断拓展，我们口中的“世界”含义也千变万化。当今人类所知的世界可以用一张地图来描述，也有人使用“Cosmos”（秩序体系）一词，来给这个世界重新定义。所以我认为也可用一句话概括：世界实际上是天、地、人、物和时间所构成的一个五维空间。至于人类预测或设计的世界，则属于未来世界和虚拟世界。

人是这个世界具有理性思维的生命体之一。所有活着的人均跑不出物质世界、精神世界或灵魂世界的三个不同层面。能进入灵魂世界的人，属超凡之人，凤毛麟角；能进入精神世界的人，即主观世界，属境界之人，也属少部分；而绝大多数人只停留在物质世界中。物质世界分为物体与物质、运动与力及能量的表现形式三个部分。佛教认为，一切遭遇生死的众生（即人），均是三世因果、六道轮回的结果。三世指过去、现在、

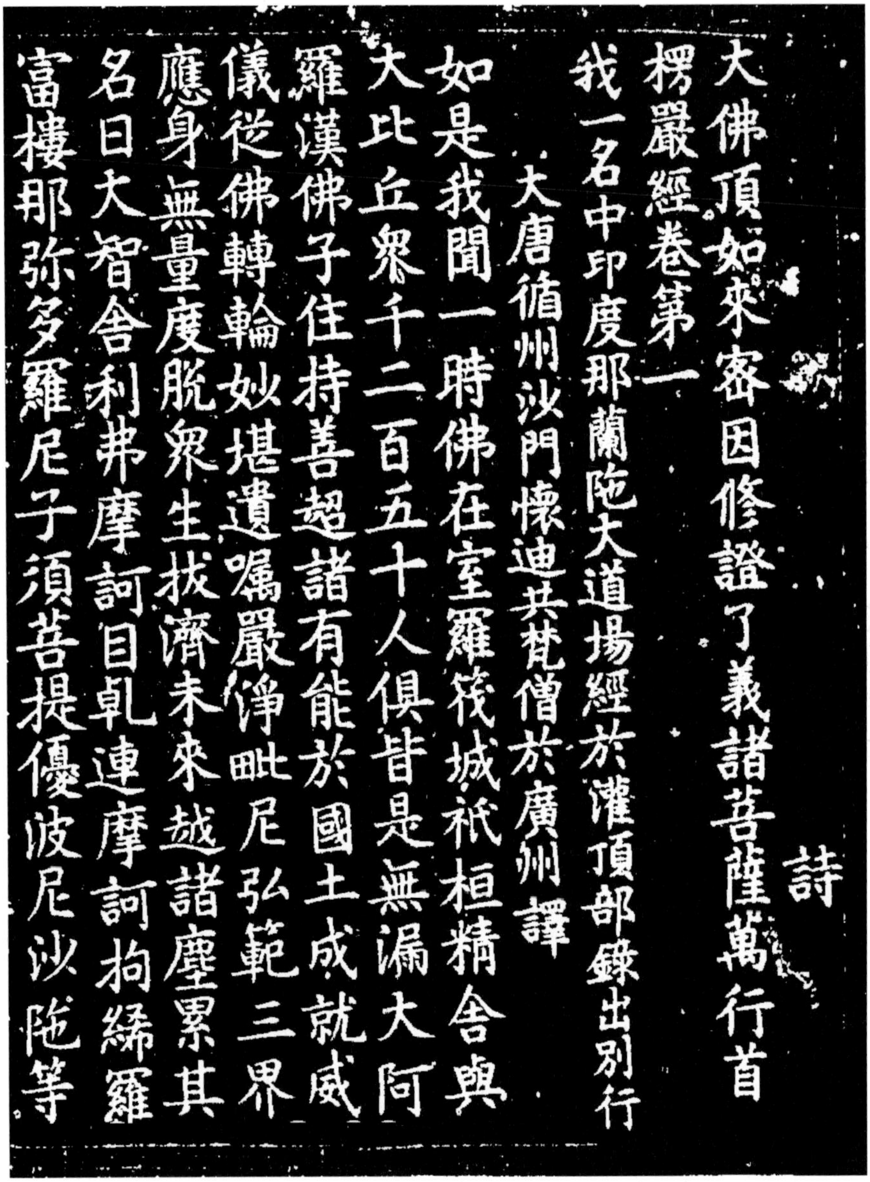
詩
大佛頂如來密因修證了義諸菩薩萬行首
楞嚴經卷第一
我一名中印度那蘭陁大道場經於灌頂部錄出別行
大唐循州沙門懷迪共梵僧於廣州譯
如是我聞一時佛在室羅筏城祇桓精舍與
大比丘衆千二百五十人俱皆是無漏大阿
羅漢佛子住持善超諸有能於國土成就威
儀從佛轉輪妙堪遺囑嚴淨毗尼弘範三界
應身無量度脫衆生拔濟未來越諸塵累其
名曰大智舍利弗摩訶目乹連摩訶拘絺羅
富樓那弥多羅尼子須菩提優波尼沙陁等

北京房山云居寺石刻《大佛顶如来密因修证了义诸菩萨万行首楞严经卷第一》（局部）

未来；六道是指天道、阿修罗道、人道、畜生道、饿鬼道、地狱道。六道中有善恶之别：天、阿修罗、人三道为善；畜生、饿鬼、地狱三道为恶。因众生由其未尽之业，故受生死流转之苦，称为六道轮回。

佛教界有一位从事佛学研究与教学的济群法师，为福建福安县人，毕业于中国佛学院，先后在福建佛学院、闽南佛学院等地参学任教，为沩仰宗第十代传人。长期从事唯识、戒律、道次第的研究。他说："世界正是人内心迷惘的显现，所以六道没有离开我们的心。我们有什么样的心，就有什么样的世界，就会感得什么样的生命状态。"他分析认为：畜生，其特征为愚痴，与人有根本的差异，只是凭本能生存。我们有许多的人也处于类似的生存状态，一切只是为衣食而奔波，只要能生活得好，一生无其他的思考或追求，与动物生存状态差不多。饿鬼，其特征为渴求无度，永不知足。生活中就有这么一些人对金钱、地位、情感存在着一种病态渴求，拥有的再多，也无法满足，只是一味索取，与饿鬼无异。地狱，其特征是身心处于极度痛苦之中。世间的人也往往会遭遇这样的处境，或是被剧烈

济群法师

的痛苦和烦恼无情地折磨，求死不能，求生不得，正是“人间地狱”。阿修罗，其特征是嗔心极重，以争斗为乐。这样的人在现实生活中大有人在，热衷各类挑衅、争斗，似乎只有在争斗中才能感受自己，才能实现人生价值。因此，济群法师就认为：在凡夫心中具有六道众生的心理特质，这些心理外化后便呈现出六道轮回的种种状态。说到此，各位亲，您是否能从中得到一些感悟呢?

一　中国人的生活态度

生活是多彩的。那么，她有哪些内容呢？俗语说："清早开门七件事，柴米油盐酱醋茶。"这句话道出了一个朴实的真理。其实，人生在世，无论处在什么地位，什么阶层，虽有生活水平的不同，但无论是谁，都要吃饭、穿衣，进行娱乐活动。

西方哲人有言："理论是灰色的，而生活之树常青。"在当今这个讲究生活质量、重视生活品位的时代，人们爱好日常生活已经甚于爱好理想的"天堂"。这恐怕应当看作是社会的进步和文明，符合世界和平和发展的潮流。据闻一位西方国家少女打通热线同总统讨论短裤的事，总统有问必答，和蔼地同那女孩短裤长短裤短地扯了半日。舆论为之大哗。一些保守的人士抱怨今日总统过于随便了，不像以前的总统那么遥远而高贵。其实我倒觉得这没有什么可非议的，因为总统也要穿短裤，他的家人也要穿短裤。也许，在他的价值取向的心理天平上，女人或男人的短裤的款式、质地、柔软舒适与否，分量同召开国计民生会议差不多相等。

历史的经验告诉我们，人们首先必须有衣穿有饭吃才能创造历史。对百姓来说，吃好穿好玩好，比谁当皇帝谁当总统更为现实。曾几何时，萨拉热窝战火纷飞，曾经恬静的多布里尼亚居民区被敌人三面包围。然而，萨市妇女照旧涂着口红，戴着项链，拎着昂贵的手提包，昂首阔步地从搜查狙击手的枪口前走过。衣着之时髦，可与伦敦任何女子媲美。这种对生活的热爱和执着，才是人类文明的基础。

在云南考察民俗风情

我国是一个历史悠久的多民族聚居的大国，异彩纷呈的物质文化生活及其方式，是特别耐人寻味的。我在这里想要说的是，我们在观察一种生活现象的时候，如果能进一步去分析它的国别、区域和时代的差别，那将非常有趣。

在云南与白族姑娘留影

比如酒与茶，两种饮料虽然遍布世界，但中国的饮法，有“酒满茶浅”之说。即酒斟满杯是敬，茶沏半碗是礼。外国便没有，听都没有听说过。至于为什么要酒满茶浅，而不是茶满酒浅，那就要探索中国饮食文化之渊薮，被你说明的东西愈多，愈普遍，愈深刻，你的成绩就愈大，你的学问就愈深。又如，外国人喝白酒喜欢添冰加水，中国酒掺水是大忌。再如，我国江浙地区的乡镇，主人提壶给客人添茶，客人一只手的三个指头撮合并拢，在碗边笃笃笃笃磕个不停。那敲击桌板的蓬蓬之声，与那飞流直下紫烟缭绕的注茶声，合成一个热情洋溢、氤氲和气的小环境。那么，客人给主人添茶呢，情形依然，当是主人磕桌点鼓地向客人答礼。这方式，走出江浙，比如上海和江西便没有。据说它源于著名的乾隆皇帝游江南的故事。那时候，爱新觉罗·弘历一身平民打扮，在茶馆给随行人员敬茶，随从惶惶不安。扑地磕头山呼万岁吧怕暴露身份，不磕吧，如何面对皇恩？忙不迭选择如何示意是好，那手早已在碗边嗒嗒嗒嗒发起抖来。皇上会意，不禁失笑，终于约定这敬茶时的击指就算磕头。而且考究讲来，中指代表头颅，食指无名指代表两肩。二百多年过去，这一君臣在特殊环境下率尔操觚所制订的饮礼，流入民间化作良风美俗，于今不绝，恐怕是由于这一种方式的简单、有礼貌而又没有繁文缛节。在中国，不论是庄稼人出身，还是读书人出身，都必须入乡随俗。懂得乡饮酒礼，才会被视为有教养，才会受到尊重。如果说，酒满茶浅显示了历史久远、幅员广大的中国作风和中国气派，那么，磕指谢茶则无异于烟雨蒙蒙、小桥流水的江南小调和江南小品。风俗即文化，因背景不同而异。

陪德国客人欣赏西湖美景

有人说，服饰是时代的语言。当年美国人初到中国，惊叹中国女人的旗袍简直是世界上最性感的服装之一，长长的紧身旗袍，高高的开衩，缝内不是别的，而是两条粉嫩粉嫩的大腿，忽隐忽露，一闪一闪，像煞红杏摇曳于墙内又欲盖弥彰，真叫人神怡。旗袍既不是舶来品，也不是改革开放的产物，而是清代满洲旗人所穿的服装。周恩来说过："旗袍很美，它就是满族同胞创造发明的嘛，汉族妇女也喜欢。"此可谓少数民族智慧对中国服饰文化不可抹杀的贡献的一个显例。统治中国二百七十六年之久的满洲贵族，硬叫汉族男同胞蓄长辫，固然不足称道而最终统统剪除，但旗人的旗袍经过修剪改进，超越时代超越地区流传至今，真是奇迹。旗袍，小姐少妇老妪皆可穿，穿上自有一种高贵的感觉和典雅的风采。看来，它还将长期流传下去，甚至走向异国他乡，被外国女人所认同。

北大教授宗白华先生在《美学散步》一书中写道，西方人喜欢闪闪发光的钻石，中国人则向来把玉作为美的理想。他说玉的美即是由绚烂之极归于平淡的美。玉的光彩，是一种含蓄的美。他认为，一切艺术的美、人格的美，都趋向于玉。宗先生对玉的审美价值的高扬，既是对中国人民的生活品味的高扬，同时道出了东西方文化的一个明显的异点。但这种差异是历史的，特别是封建时代的。现在几乎融通了，钻戒也为中国女人所喜欢，绿玉也为西方人士所珍藏。

在北京与中国东方文化发展中心主任萧鸣（左一）、新加坡客人周颖南（左二）先生，参观著名科学家牛满江（右二）先生的实验室

至于在文化娱乐的领域里，打保龄球，看世界杯足球赛，欣赏音乐，上酒吧，玩电子游戏，跳交谊舞，翻看电视频道，看看微信，度假，出国旅游，等等，时代潮流的融通性就更加明显地增大了。

民族的玩法，古代的玩法，范围愈来愈小。有人甚至把琴棋书画讥之为老年人的专利，这是不妥的。

电视机和空调器的普及，像一阵龙卷风，卷走戏院电影院观众，卷走避暑胜地游客，也卷走了沿袭数千年的城乡的乘凉晚会。在村口的老槐树下，在街区的弄道口或水井旁，人们坐着竹椅，摇着扇子，与星星月亮为伴，听老人讲古典小说，不到深更不散场的消闲形式，庶几销声匿迹。所谓往昔邻居如家人，如今家人如邻居，客厅愈来愈大，客人愈来愈少，盖源于玩法的变迁。土玩在洋玩的冲击下土崩瓦解，还唱啥乘凉晚会的挽歌呢？反正，文明的发展，时代的进步，总是“有一利必有一弊”，总是悲与喜相伴随。这些，我们就留给理论家去深究细辨吧。因为那是玄之又玄的哲学课题。但是，谁又能断定，这些富有特色的生命力的民族的玩法、古代的玩法、传统的娱乐方式在将来就没有可能像服装的流行色那样“周而复始”，重新为人们所喜闻乐见呢？

中国社会生活中曾经有过和正在发生的精彩，消逝与否，无关宏旨。每一位热爱我们祖国生活文化之人，想要品味一杯酒一碗茶的陈香与清新，欣赏一道菜一件衣的做工与款式，或想考察娱乐项目的渊源及演变，但愿都能让你受用。

中国人民伟大的思想家和文学家鲁迅先生在《关于中国的两三件事》一文中沉痛叹息：秦始皇、希特勒和项羽放大火天下闻名，但希特勒太太善于开电灯烤面包，阿房宫未焚之前每天点灯的人们，又有谁知道他们的名姓呢？因为点灯太平凡了。鲁迅认为这是一种悲哀和不幸。鲁迅的意思是平民百姓对自己的日常生活应当珍视，对巨无霸的非常行为应当鄙视，而不该倒过来呀！因此，我们要努力建设好自己的和平幸福的生活。俄国伟大学者车尔尼雪夫斯基有句话也说得很好:“美是生活。”那么，让我们把这名言作为打开背负沉重生活的中国人心扉的钥匙。

陪新加坡知名人士周颖南先生参观鲁迅纪念馆

二　宝岛漫记

我生长在杭州，从小到大耳边总是响起一支歌，记得开头几句："高山青，涧水蓝，阿里山的姑娘美如水呀，阿里山的小伙壮如山唉……"自此，我知道祖国台湾有座阿里山。在我住地杭州也有很多山，西湖就是三面云山一面城的人间天堂。阿里山是个什么模样？日月潭会不会像西湖？数十年来梦绕魂牵。

很荣幸，2005 年 5 月 16 日至 22 日，我终于美梦成真，亲眼目睹了阿里山的风光，看到了日出，福分非浅。适逢初夏之际，正是杭州"石榴花开结紫绸"的季节，在阿里山正是"毛地黄花一片红"的月份。从车窗往外看，我将一串串毛地黄误认为小时候吃过的冰糖葫芦。呵，当时感觉好新鲜，好奇怪！

台湾的冰糖葫芦莫非栽在地上不成？当然，这不过是一瞬间的错觉而已。毛地黄可不是我们大陆的冰糖葫芦，它是一种粉红红、毛茸茸、一串串的非常艳丽的路边野花。一旁的朋友告诉我，此间还盛开着一叶兰、苹果花、木兰花等等无数的奇花异草，数也数不清。阿里山给我的印象不仅花团锦簇，美不胜收，目不暇接，而且，古木参天，山峰峻拔，泉水叮咚，平湖映天庭，十分宏伟壮观，远远超出了我先前的想象。由于时间仓促，很遗憾来不及到高山族的山民中去走一走。所以，儿时幻想中那水一般美丽的姑娘、山一般健壮的小伙，就失之交臂了。

在日月潭留影

此次访问，全赖台湾数位内容（大陆谓之数字化）发展协会理事长、门得扬科技发展有限公司董事长陈国恩教授之邀，经省市台办报请国台办准允得以成行。

主人盛情，安排我下榻圆山大饭店。此饭店坐落在台北市的一座山坡上。听说，圆山饭店曾是蒋介石和宋美龄夫妇最喜欢去的，也是他们招待嘉宾的地方。此建筑高耸入云，可鸟瞰台北全市。它也是世界十大名饭店之一。其外观朱红圆柱、飞檐翘角的格局；其内部台阶宽阔，缓步登临，两边汉白玉护栏的高贵设置，令人气定神闲。感觉到作为一个中国人，因登临此具有中国特色和气派的伟构，深感无比的自豪。

在陈国恩教授陪同下，下榻圆山大饭店

在圆山大饭店牌坊前留影

访问期间，本人参加了“两岸数位学习发展现状与未来趋势”的研讨，并实地考察了台湾数位出版的状况。在与出版界同行磋商合作时，陈国恩教授提出了他的希望：两岸应该在数位出版上多作交流，共谋发展。本人以为，陈教授的意见非常中肯。我当为推动两岸的合作，尽绵薄之力。

杭州出版社，是中国十几家城市出版社之一，成立于1995年，坐落在西子湖畔。虽然初出茅庐，羽毛未丰，但近年来发展还算快。其出版的《五代史书汇编》《西湖全书》《明·赵秉忠殿试状元卷》以及出版的文澜阁《四库全书》等赢得了国内外同行的赞誉。随着现代科技的高速发展，传统的出版模式已面临严重的挑战，网络、微信的出现，已开启了数字化出版的时代。相信数位内容产业是全球产业的新契机。面对时代的召唤，出版业要与时俱进。数字化时代的召唤，也就是我此次赴台的契机。

宝岛台湾，我是第一次去，毕竟是人生地疏。然而人有深愿，天有相助。在我成行之际，天上掉下姐妹花——一对唐氏姐妹从美国汇集台湾，全程陪同我的宝岛之行，使我非常感动，非常敬佩。由于唐氏姐妹的全程陪行、指点迷津，我在此美丽而陌生的宝岛之行，所到之处无不是一路顺风。下榻之地，宾至如归，亲如家人，使我倍感幸福、亲切与和谐。我由衷地感到，大陆人与台湾人是兄弟，是姐妹，不是一句虚言。

与唐氏姐妹及陪同的陈先生在游艇上

唐氏姐妹有一位 89 岁高龄的老妈妈（前台湾民意代表），她满头银发，面容慈祥。现与女儿一起定居美国旧金山。老人得知我要去台湾，特意吩咐女儿唐竹英要赶到台湾来作陪。女儿担心妈妈虚弱多病的身体，而老妈妈执意要女儿去台湾。说起这位老妈妈，我记起来了，第一次接触是她在 20 世纪 80 年代中叶来大陆寻亲后到过杭州，品尝过南宋名菜。当时，本人正是南宋名菜八卦楼食府的经理。那时，可能握过手，聊过天，具体一些细节，已记不得了，可她还记得。真令人感慨不已。

我知道，无论是美国文化背景，还是台湾文化背景，时间对于每个人来说都是非常珍贵的。二位姐妹能抽出一周时间来陪行，是很不容易的，也是一般人所不能做到的。我行前，唐妈妈在美国因患肺气肿住院治疗，自己需要别人照顾，却还执意要求她的家人去照顾别人，真是气度非凡！我将此形容为“大唐气度”，无非是形容从我们这个泱泱大国出来的每一个国民，其素质非俗、非浅、非狭、非低，是一个大国国民的素质，是无愧于世界上任何一个民族的国民素质，这就是我说的“大唐气度”。中国国民的大国气度，大唐气度，举世公认，历史公认，那是一定的，毫无疑义的！我还知道在欧美，在全世界，凡有华人居住的地方，通常都称之为唐人街。唐人二字，代表的是我国唐朝的人民。唐朝的中国，是当时世界上最强盛的国家。唐人二字，在全球，在华人世界，都是一个伟大的名字，光荣的名字，是一个令人骄傲的、令人扬眉吐气的名字。

巧得很，唐竹英、唐兰英以唐为姓氏，真使我感到无比的欣慰和高兴，真是实至名归，名副其实。

在阳明山参观

此次宝岛之行，给我留下了奇特印象的是，品尝了黑鲔鱼宴。

我出生在杭州，几十年来吃过的鱼也不下数十种，诸如钱塘江鲥鱼，西湖醋鱼，舟山大黄鱼，湖溪里面的翠条鱼，等等，可从来没吃过黑鲔鱼。黑鲔鱼的“鲔”字还是听了朋友介绍，第一次知道。此次宴会主持者林育俊先生告诉我：“此鱼每年来台湾回游一次，您真是碰上了好运气。”唐竹英小姐补充说：“徐先生好口福！黑鲔鱼在本岛通常来说只有达官贵人才能品尝，要知道一片生鱼片要花200元台币，而第一网第一条捕上来的黑鲔鱼要花880万元台币。可见其名贵之一斑。”听了诸位介绍，我恍然大悟，祖国之大，海域辽阔，还真有好多我以前不知道的海鲜名目。黑鲔鱼的名贵之处，嫩若豆腐，入口即化，鲜嫩无比。用黑鲔鱼作全宴招待宾客，是台湾人民不寻常的一个盛情。本人曾作为南宋名菜八卦楼食府的老板，主持研究大江南北的山珍海味，未曾品尝过黑鲔鱼的全鱼之宴。由于林育俊先生的盛宴和听他的介绍及我的亲口品尝，不仅体味到黑鲔鱼之鲜美是世上罕有，

与友人林育俊先生交谈

更体味到台湾同胞对大陆兄弟赤诚相见，热情招待的人间至味，是天下无双。林育俊先生为了让我这位大陆同胞品尝一下不易吃到的黑鲔鱼，特地从台北赶到高雄订餐。其情义难道不是人间的至味吗？有人说：“炎黄子孙一家亲，两岸兄弟一家亲。”此言非虚也！

就在我们品尝黑鲔鱼的地方——高雄，有一条美丽的河流，名唤爱情河。听说台湾的青年男女订交连理，结下白头之盟，都要在爱情河畔徜徉良久。我此次来台，虽无寻求爱情之梦，但人无意，意便无穷。向我表达友谊和爱的人，男的，女的，老的，少的，接踵而至，使我感到了一份意外的兴奋。说实话，我长得既不俊，也不美。他们对我的好感，我相信，实际上是对我们杭州，对祖国大陆的一种向往。所以黑鲔鱼不仅给我留下了鲜美无比的回忆，而且给我留下了“但愿人长久，千里共婵娟”的人间之爱。爱情河，我永远记得你，我随时记挂你！你能让我再见一面吗？

两岸兄妹是一家，同唱一首中华歌

听人说，到阿里山最好的方式就是乘坐高山小火车。

随着海拔两千多米的爬升，可观赏热带林、暖带林、温带林的林相变化。尤其火车在独立山的三次螺旋环绕，第四次则以“8”字形驶离，及第一分道的“之”字形前进等，极为罕见而又有趣，真令人不虚此行。

在阿里山祝山站台前

上阿里山的那一天，正下着大雨。我们驱车沿着盘山公路盘旋而上。只见山脚的路边不少地方发生了泥石流塌方，公路被滚滚而下的泥石阻断。当时正有打道回府的念头，但是台湾朋友一点都没有退避的意思。车子小心翼翼地行驶，沿着泥泞小道继续前行。我们下榻于阿里山宾馆。

此宾馆高居海拔 4000 米以上的高山之巅，是日治时代建造的旅馆，又称红桧旅馆，至今有九十多年的历史了。许多高官显贵经常出没于此。是晚，我夜不能寐，希望第二天早上能看到阿里山的日出。凌晨三点，服务员叫醒我们。一行五人搭乘高山小火车，到达看日出的最佳地点，盼望东方一轮红日冉冉升起。因为头一天下午下大雨，想当然翌日未必有日出，所以我们的企盼不过是表达一种心情，也就是慕名而往而已。真正能否看到太阳在阿里山露脸，大家心里都没有底。有一位台湾朋友说，他上了两三次山都未看到太阳露脸。尽管如此，大家都不表示遗憾，还是希望有一天能看到阿里山的日出。可是很奇怪，也很惊讶，我是第一次上阿里山呀，开天辟地头一回，太阳硬是从云层里露出脸来，看了看我这位来自大陆的有情人。顿时，宝岛朋友欢腾雀跃，齐声欢呼："徐先生，你的运气真好啊！"

回到杭州，杂事多多，又一头扎进了工作。现虽已时隔多年，但仍记忆犹新，特散记如上。

在阿里山的小火车上

三 超越自我

我有一个散文作家的朋友，英年早逝。他生前曾赠予我一幅“超越自我”的书法，作为了我的座右铭。“超越自我”这句话，看似简单，实现起来真是难上加难。如果一个人做到了，算是大彻大悟，就能超凡脱俗，至少是进入了精神世界，甚至是进入了灵魂世界的高度。这种人凡间甚少，可以说是一代又一代有悟性之人追求的远大目标。

要“超越自我”，首先应“返璞归真”。何谓“返璞归真”？意思是去掉外在的人为粉饰，恢复还原人具有的质朴本质，通过自身的修行或修炼，使生命回复到初始的状态。因此《三字经》里开篇就说：“人之初，性本善。性相近，习相远。”告诉我们，儿童天真无邪，随着年龄的增大，加之社会环境的影响，财富、情色、官场的诱惑，欲念的不断膨胀，失去了原有的生命元真。从此，与自己的心性背道而驰。所以，道教就一直强调要学道、修道，以保持人的纯朴与纯真。

撞响了玄奘寺的洪钟

我时年刚过六旬，用一句老话说是耳顺之年。谓之耳顺是能容忍“逆耳”之言，听“逆言”不觉得“逆耳”。此话，胡适先生曾多次强调过，善哉，善哉！我想人到了这个年龄段，不管听到了什么、看到了什么，或遭遇到了什么，都会冷静地将自己的情绪顺应现实环境，去应对、去思考、去处置，做到宠辱不惊，把握自己。这就是六十人生的一种境界！

六十之人，虽是人生的晚秋，但思想仍然可以不老。我工作和生活的环境，多为年轻一族，与他们相处久了，我也变得很年轻，甚至在理念上还比他们更新潮。从中国的传统观念上看，一个人只要能娶个老婆、生个孩子，算是人生完美。这道理不错。但我认为，由于人生的经历不一样，同样可以获得美满人生。我从小命就苦，少年时就开始为我的哥、姐管孩子，到中年又为我早逝的弟弟管女儿，直至今日还在操那份本该不属于我所要操的那份心。我管过侄子、侄女共有六人之多。在社会上我也帮助过不少人。如今他们均已长大成人，成家立业了，而我却还是只身一人。在他们看来，儿孙满堂，幸福美满，殊不知好有

胡适先生

好的难处。如孩子的管理问题，教育问题，要承受的经济压力问题，等等，苦不堪言。而我却不存在这些，比起他们要超脱得多。再者，我对他们只是尽了自己的义务，没有对他们有任何的索求，对社会和他人的贡献大于社会和他人的索取，我做到了，终生也不会感到有什么遗憾。

有人会不理解，说你也算是一个成功人士，不缺钱，也不缺地位，五官也挺端正，为何就没有一个家呢？是不是身体有缺陷，或是有心理的病因呢？其实，什么都不是。就身体而言我棒得很，同样是六十的人，我的功能肯定比他们强。我的心理也没病，正常得很。无非是将人生较一般人而言，是更看透了一些。我父母养了我们五个孩子，养了儿子又管孙子，像愚公移山一样，无穷无尽也。他们过完了一辈子得到了什么？什么也没有！只是得到了困苦与磨难。当然，这困苦与磨难中也有乐趣，只是各人的人生境遇和价值观的不同而不同罢了。所幸的是他们在晚年总算还是得到了一点安慰，那就是我呈献给他们的一片孝心。比如，母亲晚年还能住

我的爱好是工作

上以前想都不敢想的别墅，父母的大事、小事都能包揽，从不推三阻四，使他们感觉到余生不再为生活而烦恼，精神上有了依靠，使他们能彻底放下心来。

孟子曰：“不孝有三，无后为大。舜不告而娶，为无后也。君子以为犹告也。”根据清代学者阮元主持校刻的《十三经注

我的人生也灿烂

疏》中在“无后为大”下面的脚注说：“于礼有不孝者三，事谓阿意曲从，陷亲不义，一不孝也；家贫亲老，不为禄仕，二不孝也；不娶无子，绝先祖祀，三不孝也。三者中无后为大。”意思是：对于礼法来讲，有三件事是不孝的：第一件事是父辈做错的事不去纠正，而是顺从，陷父母于不义；第二件事是家境贫穷父母老矣，不去赚钱或当官来赡养；第三件事是不娶妻生儿，而断了祖先的香火。这三件不孝的事中，以没有后代的罪过为最大。

其实，在古代的汉语中，“三”是表示“多”的意思，并不是数词的“三”。而“无后”真正的含义应该是“没有尽到后辈的责任”。所以，我认为孟子的话正确的解释应该是：“不孝的表现有很多，以没有尽到后辈的责任为最严重。舜没有禀告父母就娶妻，有失后辈本分。君子认为禀告与不禀告实际上已不存在什么区别。”

我至今未婚而独善其身，在一些人的眼中看似“不幸”，而我不以为然。我活得很充实，为这个家庭和社会承担了更多的义务与责任深感自豪。孟子在地下有灵，他的灵魂一定是得到了超度和安慰。当我的人生又迈入了第二个甲子之时，义无反顾，继续做一些想做的事，应该做的事，让自己活得愉快，活得心安。有朝一日，进了天堂或是极乐世界，也算是我多年行德修成的正果。

人应该学会发现与探索自己，挖掘自己的潜能。为什么很多人老是觉得人生不得志，为了养家糊口总是在重复自己认为是厌倦了的工作，对生活缺乏信心？原因很简单，因为他们不够脱俗，缺乏心境，没有真正去认真追求心中的梦想与渴望。一旦老了，发现自己还没有真正地在这个世界上靓丽地“活过”，由此而产生的内心悲哀是可以想象的。因为他们每一天都要忍受疲惫的人生，只是勉强度日，活不出热忱，任由自己珍贵的内在潜能休眠颓废。

我们应该珍惜自己所做的每一项工作，产生工作的力量源自于你对自己工作的热忱。工作上肯定会出现很多的不如意，如对某项工作不顺心，或你对某一人看上去不顺眼，这都是生活的一部分。重要的是，我们都应享受自己正在做每一件事的快乐。晚上下班了，你会告诉你的家人或朋友，因为你的劳动或付出，帮助了单位做成了某件事，让单位变得更美好。此刻，你的精神定会绽放光华。

我知道生活比想象得也许会更糟糕。当你渡过了难关或挑战之后，新的难关和挑战又需

获美国伯克利大学访问学者证书

要面对和克服。如果你想要等所有的问题都圆满解决之后，再去找回自我，你将会错失命运给你带来的喜乐。

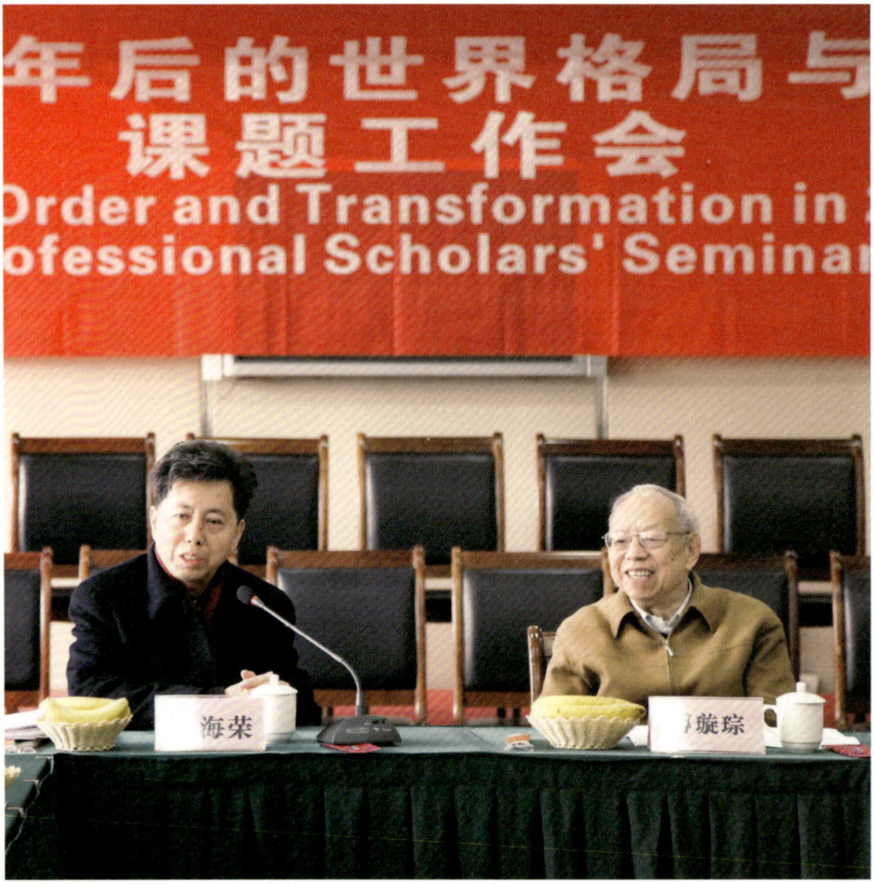

在“论200年后的世界格局与变化”课题工作会上讲话（右为国学大师傅璇琮先生）

四　让灵魂放飞

一提到命运，就会让人浮想联翩。特别是上了一定年纪的人，定会怀旧、追思，体现“慎终追远”的一种传统。命为人的定数，指某个特定对象，运为变数，指时空转化。命与运结合，就进入了一个特定对象与时空转化的过程。命运是万事万物由宇宙规律为轨迹的从生到灭的现象。所有的人，不管你所遭受的命运如何，或好或坏，最终都会驾鹤西行，灵魂升天。以前听很多老人说，人死后灵魂也要回家，逢七即是。所以民间有头七、二七、三七，一直到七七的祭奠习俗。

九年前，我慈母仙逝。五七这一天晚上，为了迎接她的灵魂归来，经相关朋友的指点，在自家大门口摆了一张方桌，桌子上放了一把靠背椅，椅子背上套上了慈母的衣帽，椅子的座

在陕西公祭轩辕黄帝

板上又放了慈母的牌位，上面罩着一把黑伞，搭成了一个“望乡台”。同时，又用花纸糊制了房子、桌椅、家电等祭祀物品，好让亡者在阴间也能过上好日子。佛家说只有到了五七这一天，亡者才知道自己已经死了，就会在阴间里登上“望乡台”眺望阳间的家室，会见亲友。子时（半夜 12 点），曾与慈母生前相伴的一条宠物小狗“欢欢”突然狂吠，两只前爪弯曲像人一样地下跪，我大嫂惊呼一声是妈妈回来了，全体下跪哭拜。此刻一阵清风吹来，在“望乡台”边打转，一旁的二嫂子说是妈妈坐上去了。我手拿一张黄纸，撕成若干碎片，一片片往竖着的牌位上放，竟然都会被牌位吸住。片刻，碎纸纷纷从牌位上落下如常。有人说，这正是您母亲的灵魂回家所现。

中国有句成语叫“魂不守舍”，是指灵魂不能依存于肉体的躯壳之内，人之将死。也形容人的精神恍惚，意念分散而不能自持。《黄帝内经》讲，天地所造人体之生命就是神，神所表现出来的外在东西，即附在人体上主宰人，又可离开肉体而独立存在的实体谓之魂。灵魂一说，在宗教思想里面均普遍存在，皆指人类超自然及非物质的组成部分。不同的宗教和民族，对灵魂有着不同的认知。而基督教则把“灵”和“魂”从概念入手，有着更深入的解读。

走进大自然，体验人生路

大多数的神学家认为，人只有身体与灵魂两部分，所以灵与魂是相同的。而另一部分神学家则认为，一个完整的人是由灵、魂、体三部分组成的，故又认为灵与魂并非完全相同。理由是："体"是以人的五大感官，即听觉、视觉、嗅觉、味觉、触觉来感知物质世界；"魂"泛指思想或情感和意志的层面，来发挥感性或理性的思考，进而做出自己行动的决断；"灵"是人接触神的器官。人若有灵，就能与灵界相通、沟通。由此也可以概括说，灵是神赐予人的一种生命本能，魂则是人生命的一种表现，而体是灵与魂所活动的物质生物的机体。

古希腊对灵魂的研究很盛行。以大哲学家柏拉图为代表对人灵魂的研究，在世界上产生过深远的影响。他认为灵魂是有生命和自发性，是精神世界的、理性的，又是纯粹的，不能加以分解的。柏拉图还认为，人的灵魂有追求世界的欲望而堕落到地上，被圈入肉体中，注定要经历一个净化的过程。并下结论说，灵魂是会轮回转世。其后对灵魂的研究，又兴起了亚里士多德的新柏拉图主义，把灵魂列为第二哲学的范畴。对灵魂的定义，亚

柏拉图像

里士多德认为，肉体只是质料，灵魂是形式，亦是实体。

现代的科学研究认为，灵魂实际上就是人神经系统中的一种生物信息能，它依生命大分子、细胞、组织、器官的生物体本身的存在而存在。如果人的躯体机能一旦遭破坏，就会导致生物信息能，即灵魂信息源缺失或衰减而脱离躯体，释放给大自然，飞向宇宙，直至最终找到自己的归宿。这种生物信息能与宇宙信息能相辅相成，形成了一种“天物合一”信息量场理论，是一门未被现代科学所接纳的潜科学或边沿科学。

2012 年 12 月，哈佛医学院现任及前任的两位医学科学分院院长，在著名的华人科学家、哈佛大学医学院教授赵景博士的陪同下，在杭州作了短暂的访问。其间，我有幸地接待了他们。这三位均是研究癌症的世界一流科学家，在谈及病理研究时他们认为，生命体的强弱，与气场有关，气场源自生物的信息源，就是我们所讲的灵魂。在人类迈入了 21 世纪的今天，一门用现代科学还尚难解释清楚的关于生物体现象的学科正在全世界兴起，这就是灵魂心理学或称“超心理学”。

科学家阿尔伯特 · 爱因斯坦感慨地说过，如果在我的内心有什么能被称之为宗教的话，那就是对我们的科学所能够揭示的这个世界结构的无限的敬仰。物理学家斯蒂芬 · 霍金认真地说，我们正接近回答这个古老的问题：我们为何在此？我们从何而来？

与哈佛大学医学科学分院的两位院长留影

与哈佛大学赵景博士（左一）留影

地球因宇宙大爆炸而产生至今已有46亿年。这个地球的世界上，我是谁？从何而来？又应从何去？至今确实还没有人能说得清楚。按照达尔文的进化论，人能进化到具有思想、理念，富有创造力，并具有凌驾于自然的能力。而动物为什么就不能呢？比如猴子，在这个地球上已生存了数千万年，比人类出现要早得多，但至今还是四爪着地，没有摆脱低能动物的属性。有人说人是外星生灵制造出来的产物，如果这个说法成立，人是受外星生灵的旨意来到这个地球的世界上传播宇宙文明，人的意念、行为理当受到外星生灵的掌控或制约。从这个意义上讲，人的认知应该要有一个颠覆性的革命，不能局限在一个房间内看问题，因为房间外有街道、有风景，街道外还有社区，社区外又是一个城市，城市外是我们的一个国家，国家外是人类共有的一个地球，地球外又是一个更大的宇宙。

科学家研究发现，一般人启用的心智，即人所拥有的潜在智慧与能力，不及其所拥有的十分之一。说明有超过九成的心智还处在休眠之中。这足以说明，生命的高峰可以攀登，事业的成就无可限量，只要抛开自满不断思索，就会进入一个更高的境界。这一切将从我们的心灵出发，必须对自己拥有的天赋信赖。因为信赖是心灵根本的核心，是一种善解的光明力量。在人界的世界里，不仅要以灵魂伴侣，不要让其受伤，要让你的灵魂放飞……

在美国纽约联合国总部大厅内的历届秘书长画像前留影

后　记

我生长在杭州这座美丽的城市，美的地方一定会有很多美的故事。

将要在自己的岗位上离任的我，花了五个月的时间，将自己大半生的经历进行了总结，跃然纸上，取名为《人生也酷》。酷，是光鲜亮丽、青春挥洒、生命力毫不犹豫的表演，亦是个性化生存、生命力涌动的凝结，是当今时代对“好”的一种评价符号。我之所以要撰写此书，既是为了对自己有个交代，也是对一直关心、爱护、培育我的组织及相关领导、同事、朋友一个交代，更是对生我、养我、已安眠在九泉之下父母的一个真情交代。我讲了些自己想讲的话，将获得的一些人生感悟告诉给大家，以不负我所经历的这个伟大时代。

只要不是哑巴，人都要开口说话。但人的说话方式一定会有所不同。有些聪明人在场面上专拣好话说，在背后却不敢恭维，他们好像六月的天、孩儿脸，说变就变。而我就是我，哭是哭，笑是笑，是真情流露。

有良知的人都是凭心说话。不经过心讲出的话，是胡话、鬼话，也叫作没有良心的话，也就没有了人格。一旦失去了心、丧失了格，也就丢掉了自己的魂，就不能算人。错的事，往往就会在对的时候发生。一旦及时醒悟，它就又会轮回变异，面临新的人生际遇。那些活得如此有权贵、有影响、有财富的人们，也逃不出人生的命定。

我们活在这个世界上，都有着不同的非凡人生，自己经历的大事、小事，只要印象深刻的，就一定会记住，一辈子也难以忘怀。所以，《圣经》里就说："凡走过的必留下痕迹，凡是寻找的必能找到。"走过的经历必有其历史，恰好似蕴藏在灵魂深处的一潭深水，你若需要回顾时，它会飞泻直下。它也像摩崖的石刻，坚毅而隽永。

人的一辈子都会匆匆地走过。蓦然回首，过去的日子比想象的更快。年轻时我们畅想未来，寻找未来，想得到的均未能如愿。我们在生活的激流中，经历着风雨的吹打。但是，我们没有放弃，坚持了自己认定的，并心甘情愿为之付出的事业，而真切地活着感到坦然。人的地位虽然有高低之分，但人格不可有贵贱之别。人都应该学会包容与互相尊重。

早春三月，逢好友皓奔先生六十周岁的生日。他过生日的方式很特别，提议一起去苏州参观一家诚品书店，早上出发，下午赶回。在归来的途中他告诉我说，杭州有一位文化名人提出做人应具备的五面镜："人首先是望远镜，看远；再就是显微镜，看细；接下来是放大镜，看透；其次是太阳镜，看淡；最后是哈哈镜，笑看人生。"讲得多好！好在圆润！但是，说实话一个正常的人肯定是做不到的。若做到了，肯定是个人精。

为什么说不是人精就做不到了呢？好，先来谈谈"看远"的问题。你们注意到了一个细节没有？在战场上指挥官一定会拿着一个望远镜仔细地观察敌情。看毕，指挥官又把望远镜交给左右，左右的人也都会拿起望远镜再看看。为什么呢？因为指挥官从远处看清的是一个现状。现状的背后是否仍有隐情？指挥官一时是很难断定的，于是就有了他身边左右的那一幕。说明看远容易，看清做不到。只求看远并不是主要目的。

再谈谈"看细"的问题。细的本意是小，相对于大。所以说细，即小也。我们身边很多人都谨小慎微、事无巨细，甚至说话都不敢高调，细声细气，给人以酸酸的感觉。成为一个很常见的现象。你说这又是为什么呢？因为他们胆小，一是不敢去尝试做事，二是怕承担做事后的责任。这种人大凡都缺乏阳刚之气，缺乏成功人士所具备的那种自信、勇敢、坚强、果断、大方、关爱等优秀性格和品质。这种细而无力、细不脱俗的行为或举止，对健康的人生无益。

也谈谈“看透”的问题。什么叫“看透”？“看透”就是彻底了解或透彻认识。用佛的话来说就是大彻大悟。其真谛是唤起了人的觉醒，使人有了领悟，心灵得到了净化，人格得到了美化，力量得到了强化。这“看透”不只是挂在嘴上，而是要源自你的心灵。你能抛弃你心中的恶念，收起你手中的屠刀，立地成佛吗？都是要经过十八层地狱后获得检验的。南怀瑾先生说：“一般人学佛修道是假的，喜欢玩神道是真的，大家都求先知。万事求先知是很可怕的事，所谓‘先知者，道之贼也’。”说什么“看透”，其实并不会真正“看透”，你们千万一定要注意啊！

念念“看淡”的问题。我身边有不少人，特别是像我这种年龄段的人，逢人就会说，嗨，我“看淡”了，一切都已经“看淡”。其实，人不到一定的年龄是不会看淡的，到了年龄也未必能看淡。不是吗？如单位的同事间，有看不顺眼的就会怄气；街坊邻居间，为了孩子的一句话就会拳脚相加；再请看法院，每天都有这么多的诉状打官司；等等。你说人对这些世尘都“看淡”了吗？没有。为什么？因为人是凡间动物，是人不是神。嘴巴上讲多了的人，心理上必是最不会“看淡”的人。

最后再谈“笑看人生”的问题。喜欢用哈哈镜来笑看人生，照得人不像人，自取其辱。这是自嘲的一种表现，是不得已而为之的一种方式。但是也不错，不进则退，退了就不进，这是一个再也简单不过的哲学原理。所谓名人讲的“五镜”，归结起来，实际上是想告诉我们做人应该要知道如何地去进退。因此，做人做事都面临着一个进退两难的尴尬，就需要有自知之明。这才不会活得太累，而是活得自然，活得默契，活出一个真正属于你自己的“我”。这是常识，也是哲理。是为记。

徐海荣

2016 年 5 月 1 日夜完稿于西溪寓所

生机勃勃的昆明湖

在湾区的艺术馆前

在格调高雅的斯坦福校园

漫步在纽约的街头

在林肯的雕像前

早晨的华盛顿

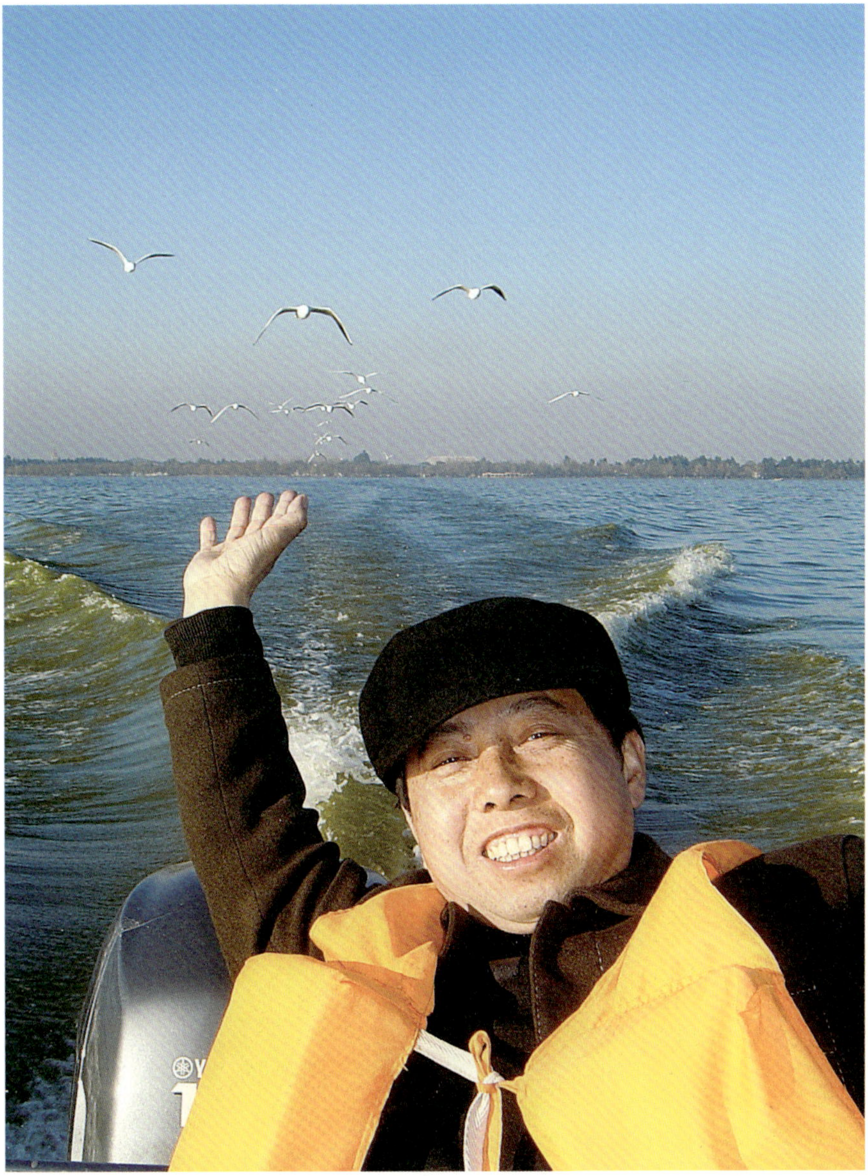

被激发出的勇气与情怀

Keuka Lake
Waneta Lake
Ithaca
Watkins Glen
Corning
Horseheads

纽约的电子交通墙

虔诚的心

首尔夜晚的灯饰

纽约也有大洪钟

与国家新闻出版总署原署长于友先先生在意大利书市上

意大利的教堂

在小布什的蜡像旁

在爱因斯坦的蜡像旁

在希拉里的蜡像旁

拉斯维加斯的艺人们

在胡佛研究院的塔楼前

停留在越战纪念碑前

在州长办公室内就座

州长办公室门前的警卫

联合国总部门口的“破碎的地球”雕塑

站立在金门大桥边

意大利的石雕柱

走向自然

图书在版编目（CIP）数据

人生也酷 / 徐海荣著 . — 杭州 : 杭州出版社；
北京：人民出版社，2016.6
ISBN 978-7-5565-0478-7

Ⅰ . ①人… Ⅱ . ①徐… Ⅲ . ①徐海荣 – 自传 Ⅳ .
① K825.42

中国版本图书馆 CIP 数据核字（2016）第 147790 号

人生也酷

徐海荣　著

责任编辑：夏斯斯
美术编辑：苏晓东
出版发行：杭州出版社（杭州西湖文化广场 32 号）
电话：0571-87997719　邮编：310014
印　　刷：浙江影天印业有限公司
经　　销：全国新华书店
开　　本：710 毫米 ×1000 毫米　1/16
印　　张：23.25
字　　数：220 千
版　　次：2016 年 6 月第 1 版
印　　次：2016 年 6 月第 1 次印刷
书　　号：ISBN 978-7-5565-0478-7
定　　价：88.00 元